우리 지역에서 교육을 다시 묻다

정민석 지음

우리 지역에서 교육을 다시 묻다
지아이가 써 내려간 교육의 본질에 대한 기록

지은이 정민석

ⓒ 정민석, 2025

* 이 책의 내용의 전부 또는 일부를 재사용하려면 반드시 저작권자의 동의를 받아야 합니다.

지아이가 써 내려간 교육의 본질에 대한 기록
우리 지역에서 교육을 다시 묻다
정민석 지음

2025

프롤로그

우리는 오늘도 노를 젓는다

나는 평범한 학생이었다. 눈에 띄지 않았고, 크게 주목받지도 않았다. 하지만 내 안에는 말로 표현하지 않는 고집이 분명히 있었다. 누군가 시키지 않아도, 내가 옳다고 믿는 방향이 있다면 그 길을 끝까지 가고자 하는 성향. 말은 아끼지만, 내면의 에너지는 쉽게 꺾이지 않는, 그런 고집이었다.

수능 성적에 맞춰 대학을 선택했고, 특별히 큰 꿈이 있었던 것도 아니었다. 다만 20대의 대부분은 '내가 정말 하고 싶은 일이 뭘까?'라는 질문으로 가득했다. 돌아보면 진로에 대한 고민은 내게 늘 익숙한 감정이었다. 그러다 삼성과 현대라는 대기업에서 일할 기회를 얻었다. 그곳에서 나는 사회가 요구하는 '능력'과 '성과'에 대해 많이 배웠다. 조직이 움직이는 방식, 책임이 주는 무게, 성과를 내기 위한 전략과 반복. 분명 나는 성장했고, 인정도 받았다. 하지만 이상했다. 겉으론 안정적이었지만, 내 안에선 계속해서 균열이 일어났다. '내가 있어야 할 자리는 여기가 아닌데.' 이 막연한 감정은 점점 선명해졌고, 결국 나는 용기를 냈다. 그 결심이 '지아이학원'의 시작이었다.

처음엔 혼자였다. 책상 하나, 학생 한 명, 그리고 나. 그 한 명을 어떻게 하면 더 잘 가르칠 수 있을까. 어떤 말투, 어떤 방식, 어떤 피드백이 이 아이에게 맞을까. 이 고민이 지아이학원의 시작이었고, 지금까지도 매일 반복되는 질문이다. 그러던 어느 날, 나와 같은 생각을 가진 선생님이 나타났다. 그리고 또 한 명이 함께했다. 우리는 '팀지아이'라는 이름으로 불리기 시작했다. 누군가는 우리를 '괴짜'라고 불렀다. 전형적인 학원 운영 방식과는 조금 다른 길을 선택하고 있었으니까. 하지만 우리는 웃으며 노를 저었다. 학생에 대해 이야기하고, 교육의 본질에 대해 매일 밤 고민했다. 성적이 오르지 않는 학생에게 무엇이 필요한지 함께 분석했고, 한 아이의 미세한 변화에도 뛸 듯이 기뻐했다. 그렇게 우리는 걸어왔다. 때로는 실패했고, 방향을 바꿔야 할 때도 있었다. 하지만 우리가 계속 성장할 수 있었던 이유는 하나다. '교육의 본질'에 집중했기 때문이다. 우리는 한 번도 '학생'을 잊은 적이 없다. 사람을 잃지 않기 위해 버텼고, 교육은 시스템이 아니라 사람과 사람 사이의 일이라는 신념을 지켜왔다.

〈파도 위의 우리〉 – 우리가 나아가는 방식
우리는 같은 배를 탔다.
어디로 가는지 몰랐지만
닻을 올리고 돛을 펼쳤다.

이 시를 처음 읽었을 때, 나는 지아이학원의 모습을 떠올렸다. 정확한 도착지는 몰랐지만, 분명히 우리는 나아가고 있었다. 단단한 기준을 가진 사람들이 모여, 방향을 정하고, 균형을 잡고, 서로의 땀을 닦아주며, 조용히, 그러나 분명하게 걸어왔다.

그리고 지금, 다시 돛을 편다.

이 책은 내가 학생들을 가르치며 얻은 수많은 경험, 그리고 교육자로서의 철학과 고민을 담은 기록이다. 어쩌면 나 자신의 성장기이기도 하고, 또 한편으로는 교육을 고민하는 사람들에게 전하는 작은 나침반일지도 모른다. 우리는 지금도 거친 바다 위를 항해 중이다. 목표는 아직 멀고, 파도는 높지만, 우리의 손은 절대 놓이지 않는다. 우리는 같은 배에 탔고, 같은 방향을 바라본다. 꿈은 바람과 같아서 잡을 수는 없지만, 돛을 올리면 결국 우리를 밀어줄 것이다.

그래서 오늘도, 우리는 노를 젓는다.

차례

프롤로그
우리는 오늘도 노를 젓는다 ... 5

Part 1. 교육, 본질을 말하다

1. 학원의 존재 목적 : 왜 중고등학원에는 '3개월 완성반'이 없을까? ... 13
2. 학원의 진짜 역할 : '밤을 새워주는 것'인가, '밤을 새우게 만드는 것'인가 ... 18
3. 수학이 학생에게 남겨줄 수 있는 단 하나의 힘 ... 23
4. 네가 하는 공부, 진짜 공부인가 아니면 가짜인가? ... 28
5. 수학이 어려울까? 아니면 국어가 더 어려울까? ... 33
6. 한국의 영어 교육체계, 무엇이 문제인가? ... 35
7. 학습의 연결성을 키워야 한다 ... 38
8. 학습회로를 이어주는 질문과 대화법 ... 42
9. 빠른 강의 속도를 이겨내는 필기의 기술 ... 46
10. 뇌의 진화와 학습의 관계 : 학생들의 학습 효율을 높이는 방법 ... 50
12. 좋아하는 것을 해야 할까? 잘하는 것을 해야 할까? ... 54
13. 스피닝과 공부, 암기의 본질 ... 58
14. 수능과학 잘 보는 법 : 공부의 본질을 이해해야 한다 ... 62

Part 2. 학생들에게 하고 싶은 말

1. 시험만 보면 무너지는 아이, 도대체 왜 그럴까?   69
2. '사탐런'을 바라보며   73
3. 학생에게 보내는 편지   75
4. 슬럼프, 공부의 가장 큰 적   77
5. 공부의 효율을 높이는 법   81
6. 성장의 신호, 진짜 공부를 시작하는 순간   84
7. 공부란 고통을 견디는 것이다   87
8. 학원에서의 학습이 학교 생활과 시너지를 내는 방법   90
9. 모의고사나 시험을 활용해 '학습 회고'하는 법   94
10. '힐링'이라는 달콤한 덫, 학생들이 속고 있다.   98
11. 공부의 양이 아니라, 방향이 중요하다   102
12. 황소고집과 자기애의 연관성   106
13. 동그라미에 속지 마라 : 성장의 진짜 과정   110
14. 대입을 준비하는 학생들에게 : 성적과 생기부, 무엇이 더 중요할까?   114
15. 요즘 학생들에게 하고 싶은 말 : 이 세상은 너를 중심으로 돌아가지 않아   119
16. 시간이 없다고 핑계 대지 마! : 네가 활용을 못 하는 거야   124

부록 대학의 슬로건과 배움의 의미   129

Part 3. 학부모와 교육의 거리

1. 사람을 빛나게 하는 말, 그리고 성장   135
2. 학부모가 자녀의 학습 과정을 격려하는 방법   139
3. 학부모의 역할 : 간섭이 아닌 지원   143
4. "공부 잘한다고 성공하는 건 아니잖아요?" 부모의 착각이 아이의 미래를 망친다!   147
5. 혼자서 헤내는 자녀를 자랑스러워하지 마라   150

6. 우리 자녀가 공부를 못하는 이유는 무엇일까? 154

7. "우리 아이가 집중력이 안 좋아요." ⇒ 집중력을 키우는 실제방법 159

8. 우리 아이는 공부를 열심히 해도 성적이 안 올라요! 165

Part 4. 지아이학원의 일기장

1. 학원의 역할 : 공교육이 채우지 못하는 부분을 보완 173

2. 좋은 학원이란 상위권이 다니는 학원인가? 학원의 현실을 직시하다 176

3. 승부욕 강한 학생, 그가 성장한 과정 180

4. 신점과 학원의 공통점 : 신점 좋아하시나요? 183

에필로그

공부는, 나와의 대화다 189

Part 1.

교육,
본질을 말하다

1

학원의 존재 목적 :
왜 중고등학원에는 '3개월 완성반'이 없을까?

학원을 운영하면서 자주 드는 질문이 있다.

"왜 학생들은 수능을 볼 때까지 계속 학원을 다녀야 할까?"

운동을 배울 때를 생각해보자. 처음에는 누구나 기본 동작부터 배운다. 코치의 지도를 받으며 반복 훈련을 하고, 그러면서 점점 스스로 할 수 있게 된다. 결국 일정 시간이 지나면 코치 없이도 혼자 충분히 할 수 있는 수준이 된다. 그런데 왜 학습에서는 이런 일이 잘 일어나지 않는 걸까?

학습의 본질은 '지식 전달'이 아니라 '역량의 성장'이다.

많은 학생이 학원에서 지식을 얻고 문제를 풀며 공부한다고 생각한다. 하지만 단순히 지식을 전달받는 것과, 그 지식을 실제로 활용하는 역량을 갖추는 건 분명히 다르다. 예를 들어 수학을 생각해보자. 1단원 '집합과 명제'를 배우고, 그 다음 2단원 '함수'를 배운다고 해보자. 대부분의 학생들은 1단원의 내용을 암기하고, 문제를 반복해서 푼 후 2단원으로 넘어간다. 하지만 이렇게 암기식으로 공부하면 2단원을 배울 때 또다시 처음부터 새로운 개념을 배우는 느낌이 든다. 하지만 만약 처음부터 학생이 스스로 사고하고 응용하는 역량을 기를 수 있도록 학습을 설계하면 어떨까? 단순히 1단원의 지식을 기억하는 것이 아니라, 이 개념을 스스로 생각하고, 응용하고, 다른 개념과 연결시키는 힘을 길러주는 것이다. 그러면 자연스럽게 2단원으로 넘어갔을 때, 이전의 개념이 연결되어 확장되고, 훨씬 효율적인 학습이 이루어진다. 결국 공부를 하면 할수록 점점 쉬워지는 것이다.

학원의 역할이 달라져야 하는 이유

나는 학생들에게 그런 학습을 경험하게 해주고 싶다. 학원이 단순히 문제풀이를 제공하는 곳이 아니라, 학생이 배운 것을 스스로 다루고 활용하는 힘을 길러주는 곳이 되길 바란다. 하지만 이런 고민을 주변에 이야기하면, 늘 현실적인 질문들이 돌아온다.

- "그렇게 하면 너무 오래 걸리지 않을까?"
- "당장 성적이 오르지 않으면 학부모들이 기다려주지 않을 텐데?"
- "학생들이 단기간에 성적이 안 오르면 학원을 떠나지 않을까?"

이런 질문들은 현실적으로 충분히 공감이 간다. 솔직히 말하면 틀린 말도 아니다. 학원의 현실은 결국 성적으로 평가받는 것이고, 눈에 보이는 성과를 원하는 학생과 학부모들의 욕구를 무시할 수 없다. 그럼에도 불구하고 나는 이 고민을 내려놓지 못한다.

진정한 학습은 결국 '혼자서 공부할 수 있는 힘'을 키우는 것

학원이 정말 학생을 위한 공간이라면, 학생이 혼자서도 공부할 수 있는 힘을 키워주는 역할을 해야 한다고 생각한다. 학원을 떠나고 나서도 스스로 공부를 이어나갈 수 있는 역량을 키워주는 것이 진짜 교육의 본질이다. 그런데 현실에서는 왜 이것이 이루어지지 않을까? 왜 중고등 학원에 '3개월 속성 완성반'은 없을까? 그 이유는 간단하다. 단순한 지식 전달은 3개월이면 충분할 수도 있지만, 학생 스스로 학습하는 힘을 기르는 것은 단순히 시간이 아니라 꾸준한 훈련과 지속적인 피드백을 필요로 하기 때문이다.

내가 고민하는 방향이 현실적으로 자리 잡으려면?

새 학기를 앞두고, 나는 여전히 이 질문을 붙들고 있다. 학원은 단기적인 성적 향상을 위한 곳이 아니라, 학생의 학습 역량 자체를 높여주는 공간이 되어야 한다는 신념을 포기할 수 없기 때문이다.

그렇다면 현실적으로 어떻게 해야 할까?

첫째, 학생과 학부모의 인식을 바꿔야 한다.

- 단기간 성적 향상이 아닌, 학생이 스스로 학습할 수 있는 역량을 키우는 것이 진짜 학습이라는 점을 학부모에게 명확히 전달해야 한다.

둘째, 학습 방식을 근본적으로 전환해야 한다.

- 단순 문제풀이가 아니라, 매 수업에서 학생이 배운 내용을 스스로 응용하고 재구성하도록 끊임없이 훈련시켜야 한다.

- 스스로 질문하고, 해결책을 찾는 경험을 지속적으로 제공해야 한다.

셋째, 장기적인 안목으로 학생을 관리해야 한다.
- 학생들의 학습 역량 변화와 성장을 지속적으로 기록하고 공유하여 학생과 학부모가 장기적으로 발전하는 모습을 볼 수 있도록 해야 한다.
- 이를 통해 단순 성적 상승보다 더 큰 가치를 느낄 수 있게 해야 한다.

지금 학생들에게 전하고 싶은 냉정한 진실
학생들이나 학부모들에게 가장 해주고 싶은 말은 이것이다.

- "짧은 기간 동안 올린 성적은 쉽게 무너진다. 결국 평생 가져갈 수 있는 건 스스로 공부하는 능력이다."
- "지금 당장 성적을 올리고 싶다는 욕구는 이해하지만, 성적이 정말로 안정적으로 오르기 위해서는 시간이 걸린다."

성적은 단기적 목표가 아니라 장기적 목표로 봐야 한다. 단기간에 문제풀이식으로 성적을 올리는 건 어렵지 않다. 하지만 진정으로 대학과 그 이후의 삶에서 경쟁력을 갖추려면 스스로 공부하는 힘, 문제를 해결하는 힘을 기르는 것이 절대적으로 필요하다. 그래서 나는 지금도 고민을 이어간다.

결론: 결국 '스스로 공부하는 힘'을 키우는 것이 진짜 학원의 존재 목적이다.

2025년 새 학기가 곧 시작된다. 나는 앞으로도 학생들이 학원을 다니면서 점점 더 '스스로' 성장하는 모습을 볼 수 있도록 노력할 것이다. 그 과정이 힘들고, 시간이 걸리더라도, 그것이 진정한 교육이라고 확신하기 때문이다. 학원이 학생들에게 줄 수 있는 가장 큰 선물은 결국 "스스로 공부하는 방법을 배우는 것"이다. 이것이 내가 오늘도 교육자로서 놓지 않고 붙들고 있는 진짜 질문이고, 내가 학원을 운영하는 진정한 이유다.

2

학원의 진짜 역할 :
'밤을 새워주는 것'인가, '밤을 새우게 만드는 것'인가

최근 SNS에서 우연히 이런 글을 보았다. "문제가 안 풀릴 때, 밤을 세워주는 것이 강사의 역할이다." 처음에는 이 말에 공감했다. 학생이 어려움을 겪을 때 끝까지 옆에서 함께하는 것이야말로 강사의 본질적인 역할이라 생각했기 때문이다. 하지만 잠시 후 문득 다른 생각이 들었다. "정말 강사가 직접 밤을 새워줘야만 하는 걸까?" 이 질문에 대한 나의 결론은 조금 달랐다. 강사의 역할이 단순히 학생 옆에서 밤을 새워주는 것이 아니라, 학생 스스로가 "나는 이 문제를 해결하기 위해 밤을 새워서라도 공부해야겠다!"라는 마음이 들도록 만들어주는 것이라 생각하게 됐다. 즉, 학생이 스스로 움직이게 만드는 것이 진짜 교육이고, 진짜 강사와 학원의 역할인 것이다.

성적이 오르지 않을 때 학생들은 왜 학원을 옮기고 싶어할까?
학생들은 누구나 성적이 오르지 않으면 고민하기 시작한다.

- "학원이 나랑 맞지 않는 걸까?"
- "다른 학원에 가면 더 나아지지 않을까?"

솔직히 이런 고민을 하는 것은 너무나 당연한 일이다. 누구라도 환경을 탓하게 되고, 내가 아닌 다른 요소를 바꾸면 더 나은 결과를 얻을 수 있을 거라는 기대를 품게 된다. 하지만 여기서 중요한 질문이 하나 있다. "정말 그 환경이 문제였을까? 아니면 내게 문제가 있었던 것일까?" 환경을 바꾸는 선택을 하기 전에 스스로 질문해야 한다.

- "나는 지금 주어진 이 환경에서 최선을 다하고 있었을까?"
- "내가 놓친 부분은 없었을까?"
- "나의 공부 방식에 더 큰 문제가 있었던 건 아닐까?"

대부분의 학생들은 이 부분을 점검하지 않은 채 단순히 환경만 바꾸는 선택을 한다. 그러나 내가 지도해 온 많은 학생들을 돌아보면, 환경보다 학생의 공부법이나 태도에 더 큰 문제가 있는 경우가 많았다. 때로는 아주 작은 학습방법의 변화가 극적인 결과를 만들어낸다. 공부 루틴을 바꾸는 것만으로도 성적이 크게 달라진 학생들이 적지 않다. 하지만 환경만 바꿔서는 절대 진정한 문제 해결이 이루어지지 않는다.

학원이 진짜로 해야 하는 역할은 무엇인가?

강사가 직접 밤을 새워서 문제를 해결해주는 것은 사실 어렵지 않다. 하지만 그것은 단기적인 해결책일 뿐, 장기적인 학습 습관과 태도를 키우는 데는 큰 도움이 되지 않는다. 그렇다면 학원은 어떤 역할을 해야 할까?

나는 학원의 역할을 이렇게 정의한다.

첫째, 학생 스스로 공부해야겠다는 동기를 만들어줘야 한다.
- 강사가 학생을 위해 밤을 새워주는 것이 아니라, 학생 스스로 밤을 새워서라도 문제를 해결하겠다는 마음을 가지게 만들어야 한다.
- 동기가 없으면 공부는 지속될 수 없다. 학원은 학생의 내적 동기를 깨우는 곳이어야 한다.

둘째, 학생이 문제를 회피하지 않고 직면하는 습관을 길러줘야 한다.
- 학생들이 문제를 만났을 때, 바로 포기하고 답을 찾는 대신 스스로 해결 방법을 찾도록 유도해야 한다.
- 문제 앞에서 도망치는 습관을 고치지 않으면 어떤 환경에서도 성적은 오르지 않는다.

셋째, 자기주도 학습 능력을 키워줘야 한다.
- 학습을 관리받는 수준에서 멈추면 결국 학생은 학원을 벗어나 혼자서는 아무것도 할 수 없게 된다.
- 학원의 최종 목표는 학생이 학원을 떠나서도 스스로 학습할 수 있게끔 만드는 것이다.

냉정한 현실 속에서 학원의 방향성을 찾기

이런 이야기를 하면 누군가는 현실적인 질문을 던진다.

- "그런 이상적인 이야기는 좋지만, 당장 성적이 안 오르면 학부모들이 기다려주지 않을 텐데?"
- "현실적으로 그렇게 오래 걸리는 방법을 누가 기다려 줄까?"

물론, 맞는 말이다. 현실적으로 학원은 성적으로 평가받는 곳이다. 하지만 학원이 단기적 성과만을 좇게 된다면, 학생들은 결코 자기주도적인 학습을 할 수 없고, 성적 또한 장기적으로 보면 결코 오르지 않는다. 학원이 단순히 "밤을 새워주는 곳"이 아니라, 학생이 "밤을 새워서라도 공부를 해야겠다고 스스로 결심하게 만드는 곳"이 되어야 하는 이유다.

오늘도 고민한다: 진짜 공부를 하게 만드는 방법

학생들이 공부를 하지 않으면 아무리 뛰어난 강사, 좋은 자료, 멋진 시설이 있어도 소용이 없다. 결국 공부는 학생 자신이 해야만 하는 일이기 때문이다.

나는 그래서 오늘도 고민한다.
- 어떻게 해야 학생이 공부하고 싶게 만들 수 있을까?
- 학생이 스스로 문제를 해결하고 싶다는 마음을 가지게 하려면 어떤 계기가 필요할까?

- 학원에서의 학습이 '습관'이 되고, 학생 스스로 공부하는 힘을 키우는 데 도움을 주려면 무엇이 필요할까?

이 질문은 나 혼자서 해결할 수 없는 문제일지도 모른다. 하지만 분명한 것은, 나는 이 방향을 놓지 않을 것이라는 점이다. 학원이 존재하는 진짜 이유는, 학생 스스로 공부할 수 있는 힘을 키워주는 것이다. 학생 스스로가 변화하고 성장할 수 있도록 환경과 계기를 만들어주는 것이다. 그것이 강사로서, 그리고 학원장으로서 내가 해야 할 진정한 역할이고, 내가 존재하는 이유다.

오늘도 나는 그 방향을 향해 끊임없이 고민하며 나아가고 있다.

3

수학이 학생에게 남겨줄 수 있는
단 하나의 힘

가끔 학생들에게 이런 질문을 받는다. "선생님, 수학은 왜 배워야 해요?" 솔직히, 나 역시 처음부터 그 답을 명확히 알고 있었던 것은 아니다. 하지만 학원장으로서 수많은 학생을 지도하고, 수업을 준비하고, 함께 고민을 이어가면서, 나는 이 질문의 답을 조금씩 찾게 됐다. 수학을 배우는 이유는 단지 수학 문제를 풀기 위해서가 아니다. 수학은 인생의 어떤 상황에서도 필요한 '생각하는 힘'을 기르는 과정이다.

왜 학생들은 수학을 암기 과목으로 착각할까?

나는 특히 하위권 학생들과 상담하거나 수업을 할 때 자주 마주치는 문제점이 있다. 그들은 수학을 마치 암기 과목인 것처럼 대한다. 예를 들어, 공식이나 정리를 암기하거나, 특정 문제를 이미지나 숫자 그대로 기억하려 한다. 한 가지 사례를 들면, 삼각형의 내각의 합이 180도라는 사실은 거의 모든 학생들이 외우고 있다. 그런데 왜 그런지, 혹은 이를 다른 문제에 어떻게 적용할 수 있는지 물어보면 대답을 하지 못한다. 단지 외웠을 뿐, 그것을 활용하거나 응용할 수 있는 사고의 과정이 없기 때문이다. 이렇게 암기로만 접근하면 당장은 몇 가지 문제를 맞힐 수 있을지 모르지만, 결국 비슷한 문제도 약간만 변형하면 전혀 풀 수 없는 상태에 빠진다.

하위권 학생들의 근본적인 문제는 어디에서 오는가?

학생들이 이렇게 행동하는 이유는 몇 가지로 정리할 수 있다.

- **즉각적인 성취감 추구 :**

  학생들은 빠르게 정답을 맞히는 것을 공부를 잘하는 것이라 착각한다. 정답을 맞히는 것만을 공부의 목표로 삼기 때문에, 문제가 조금이라도 어려워지면 포기하거나 답지를 보려 한다.

- **기본적인 개념의 부족 :**

  개념에 대한 깊은 이해 없이 공식만 외우는 습관 때문에 문제를 조금만 변형해도 풀지 못한다. 결국 문제풀이를 반복해도 실력은 제자리걸음이다.

- **자신감 부족과 두려움 :**

  스스로 고민하고 생각하는 과정에서 '틀릴까 봐' 두려워한다. 실수에 대한 공포가 너무 크다 보니, 스스로 문제를 해결하기보다 빠르게 답을 찾으려 한다.

이런 접근 방법은 당장은 편할지 모르지만, 결국 성적 향상이라는 결과로 이어지지 않는다. 수학은 본래 그런 과목이 아니다.

진짜 수학 공부란 '사고의 힘'을 키우는 것

수학의 본질은 문제를 외우거나 공식만 암기하는 것이 아니라, "이 문제는 어떤 개념과 연결되어 있고, 어떻게 풀어가야 할까?"를 스스로 생각하고 접근하는 과정이다. 수학은 정답만이 중요한 과목이 아니다. 정답을 찾아가는 과정, 그 사고의 과정이 더 중요하다. 예를 들어, 내가 어떤 문제를 푸는 방법을 모르겠다면, 이런 생각을 해보는 게 필요하다.

- "내가 알고 있는 개념이 무엇이지?"
- "내가 가지고 있는 이 공식과 개념을 어떻게 활용할 수 있지?"
- "이 문제가 원하는 게 정확히 무엇이지?"

이러한 질문을 스스로 던지고 답을 찾아가는 과정 자체가 '수학을 공부하는 본질'이고, '사고력을 키우는 방법'이다.

교육자로서 내가 고민하는 것

내가 지아이학원에서 하위권 학생들을 지도할 때 가장 중요하게 생각하는 것은 '스스로 생각하는 힘을 기르는 환경'을 만들어 주는 것이다. 단순히 문제를 풀어주는 강사가 아니라, 스스로 문제를 풀 수 있도록 사고의 과정을 만들어주는 지도자가 되어야 한다고 믿는다. 이것은 결코 쉬운 일은 아니다. 학생들이 생각하고 고민하기 시작하면 당장은 시간이 더 걸릴 수도 있고, 단기적인 성적 변화가 나타나지 않을 수도 있다. 하지만 장기적으로 보면, 이 과정이 학생들의 성적을 확실하게 높이는 유일한 방법이다.

그래서 나의 수업은 다음과 같은 방향으로 진행된다.

- 단순히 문제의 풀이 과정을 설명하는 것이 아니라,
- 학생 스스로 질문하고, 왜 이렇게 되는지 사고할 수 있도록 유도한다.
- 공식이나 개념을 배우면 반드시 그 이유와 응용법을 스스로 설명하게 한다.
- 문제가 안 풀릴 때, 곧바로 답지를 주지 않고 다시 한번 고민하게 만든다.

이 과정에서 학생들이 성장하는 모습을 볼 때, 나는 교육자로서 가장 큰 보람을 느낀다.

내가 진정으로 하고 싶은 수업, 그리고 지아이가 되고 싶은 학원

내가 지향하는 수업은 단순히 문제를 풀고 답을 맞히는 것이 아니다. 학생들이 문제를 이해하고, 스스로 고민하며 정답을 찾아가는 과정 자체를 배우는 것이다. 그리고 그 과정에서 학생들이 자신만의 방법으로 사고력을 키워가는 모습을 보는 것이 목표다. 학생들이 문제를 스스로 고민하고 해결하면서 배우는 것은 '공식'이 아니라 '생각하는 힘'이다. 이 힘을 키운 학생들은 단순히 수학만이 아니라 다른 과목, 더 나아가 인생 전체에서 문제를 스스로 해결하는 능력을 갖추게 된다. 그런 힘을 키우는 것이 지아이학원의 목표이자, 내가 학생들과 매일 고민하며 수업을 준비하는 이유다.

결론: 수학이란 결국 생각하는 힘을 기르는 과정이다.

학생들에게, 그리고 학부모님들에게 전하고 싶은 가장 중요한 메시지는 바로 이것이다.

- "수학은 단순히 문제를 푸는 과목이 아니다."
- "수학 공부를 통해 키워야 할 진짜 능력은 '생각하는 힘'이다."

하루하루 수업을 준비하며 이 메시지를 다시 한 번 가슴에 새긴다. "수학이란, 결국 생각하는 힘을 기르는 것 아닐까?" 이 질문은 앞으로도 내가 학원을 운영하며, 수업을 준비하는 데 있어 가장 중요한 기준이자 원동력이 될 것이다. 학생들이 이 힘을 키우도록 돕는 것이야말로 내가 지아이학원을 운영하는 진짜 이유이기 때문이다.

4
네가 하는 공부, 진짜 공부인가 아니면 가짜인가?

학생들을 가르치며 수없이 반복되는 상황이 있다. 바로 '자리에 앉아 있는 것만으로 스스로를 만족시키는 학생들'이다. 솔직히 말하자. 책을 펼치고, 필기하고, 인강을 듣고, 문제집을 푸는 그 행위 자체는 그저 '공부하는 느낌'을 주는 도구일 뿐이다. 중요한 것은 그 행위가 아니라 결과다.

공부는 결과로 평가될 때만 의미가 있다
너는 매일 책상에 앉아 몇 시간 동안 인강을 듣고 필기를 한다. 문제집을 풀며 체크 표시를 하고, 새로 산 교재의 진도를 빠르게 나간다. 하지만 네 성적은 그대로다. 변화가 없다면, 너는 지금 스스로를 속이고 있는 것이다.

다음의 사례를 보자.

- 인강을 듣고 깔끔하게 필기했다. 그러나 내용을 스스로 문제로 풀어본 적이 없다?
  → 그것은 '공부했다'는 착각일 뿐이다.

- 빠른 속도로 교재의 진도를 나간다. 그러나 문제를 풀 때마다 똑같은 곳에서 틀린다?
  → 그것은 '실력이 아니라 단순한 반복'일 뿐이다.

- 문제집을 열심히 풀었지만, 오답 분석을 제대로 하지 않는다?
  → 그것은 '공부한 척하는' 무의미한 시간 낭비다.

만약 지금 네가 하는 공부가 이와 같다면, 그것은 철저히 '가짜 공부'다.

공부는 불편해야 진짜다

명심해라. 공부는 본질적으로 불편한 과정이다. 문제를 마주할 때 네 손이 멈추고, 머리가 아프고, 스스로 생각해야 하는 그 고통스러운 과정이 없으면 네 공부는 가짜다. 많은 학생들은 이 불편한 과정을 피하려 한다. 문제가 조금만 어려워도 금방 답지를 찾고, 인강을 틀어놓은 채 그저 '듣는 것'만으로 스스로 만족한다. 그러면서 이런 질문을 한다. "선생님, 저는 열심히 공부하는데 왜 성적이 안 오를까요?" 그 질문을 하는 순간, 너는 네 공부 방식을 철저하게 돌아봐야 한다.

- 내가 공부한 것은 진짜 공부였는가?
- 아니면 그냥 공부하는 척만 하며 나를 속이고 있던 건 아닌가?

'가짜 공부'는 가장 큰 자기기만이다

지금 네가 하는 공부가 다음과 같은 형태라면, 당장 멈추고 반성해라.

- 인강을 듣고 필기만 하는 것
  → '나는 이 개념을 안다'는 착각이다.

- 책상 앞에 오래 앉아 있는 것으로만 만족하는 것
  → 단순히 시간을 허비할 뿐이다.

- 오답 분석을 하지 않고 넘어가는 것
  → 똑같은 실수를 반복하며 발전이 없다.

'가짜 공부'는 잠깐 동안 너에게 심리적 위안을 줄지 몰라도, 결국 성적표가 나왔을 때 가장 큰 후회로 돌아온다.

진짜 공부를 시작하는 방법
지금까지 너를 속여온 '가짜 공부'를 끝내고 싶다면, 다음의 원칙을 철저히 지켜라.

① 인강을 들었다면 반드시 문제를 풀어라.
  - 개념을 듣고 그 자리에서 바로 적용해보지 않는다면, 들은 것은 아무 의미가 없다.

② 교재의 진도를 나갈 때는 '내가 이 개념을 문제에서 어떻게 써먹을 수 있을까?'를 생각하라.
  - 그냥 진도만 빼고 넘어가는 것은 공부가 아니라 단순한 '책 넘기기'다.

③ **오답 분석을 철저히 하라.**
 - 틀린 문제를 그냥 넘기지 마라. 왜 틀렸는지, 다시는 틀리지 않으려면 어떻게 해야 하는지 전략을 세워라.

④ **시간에 속지 말고 '성과'로 평가하라.**
 - 하루 10시간 공부했다는 말을 하지 마라. 10시간 동안 얼마나 성장했는지를 따져라.

냉정한 현실을 직시하라

누구도 네가 얼마나 오랜 시간을 책상 앞에 앉아 있었는지 궁금하지 않다. 네가 얼마나 공부하는 척을 열심히 했는지도 관심 없다. 세상은 냉정하게 결과만을 평가한다. 결국, 네 성적표 앞에서 너는 지금까지의 모든 행동이 진짜였는지 가짜였는지 알게 된다. 그리고 그 순간이 네 인생에서 가장 큰 충격이자 후회가 될 수 있다.

그러니 지금 당장 정신을 차리고,
너 자신을 속이지 말고,
진짜 공부를 시작해라.
공부는 절대 편하지 않다.
편하게 공부하려고 하지 마라.
진짜 공부는 철저히 불편하고 고통스럽다.
하지만 그 고통을 견뎌낸 순간,
너의 성적과 인생은 완전히 달라질 것이다.

결론: 네가 지금 하는 것은 진짜 공부인가, 가짜 공부인가?

다시 한 번 냉정하게 물어라.

- 나는 문제를 풀 때마다 머리를 쓰고 고통스러워 했는가?
- 나는 인강을 듣고 바로 문제에 적용하는 습관이 있는가?
- 나는 오답 분석을 철저하게 하고 있는가?

만약 이 질문에 확실히 '그렇다'라고 답하지 못한다면, 네가 지금까지 해온 것은 '가짜 공부'다. 이제라도 늦지 않았다. 스스로를 속이지 말고, 진짜 공부를 시작하라. 공부의 본질은 '성과'로 나타나야 의미가 있다. 가짜 공부로 위안받지 말고, 진짜 공부로 너의 인생을 바꿔라.

그것이 네가 지금 당장 해야 할 일이다.

5

수학이 어려울까?
아니면 국어가 더 어려울까?

수학이 어려울까? 아니면 국어가 더 어려울까?

많은 학생들이 수학을 가장 난이도 높은 과목으로 꼽는다. 연산 과정이 많고, 개념과 공식을 이해해야 하며, 문제 풀이에도 논리적 사고가 필요하기 때문이다. 하지만 수학보다 국어가 더 어려운 과목이라는 사실을 알고 있는가? 2023학년도 수능에서 수학 만점자는 612명이었다. 그런데 국어 만점자는 단 64명에 불과했다. 이 숫자는 무엇을 의미하는가?

수학은 공식과 패턴을 익히면 실수를 줄이고, 높은 점수를 받을 확률이 높아진다. 하지만 국어는 다르다. 언어는 변수가 많고, 지문의 난이도에 따라 정답률이 달라진다. 독해력과 사고력이 부족하면 문제 풀이 자체가 불가능한 경우도 있다. 수학은 연습을 통해 정답에 도달할 수 있지만, 국어는 단순한 연습만으로 해결되지 않는 영역이 많다. 국어에서 가장 중요한 것은 '문해력'이다. 단순히 글을 읽는 것이 아니라, 논리를 분석하고, 필자의 의도를 파악하며, 함축적인 의미를 이해하는 능력이 필요하다. 하지만 요즘 학생들은 짧고 단순한 정보에 익숙해져 있어 긴 지문을 분석하는 데 어려움을 겪는다. 이는 단순한 학습의 문제가 아니라, 사고력과 태도의 문제이기도 하다.

국어가 어려운 이유는 명확하다. 국어는 절대적인 기준이 존재하지 않는다. 수학처럼 정해진 정답이 있는 것이 아니라, 맥락을 읽고 논리를 해석해야 한다. 한 문장이라도 놓치면 지문의 의미가 달라질 수 있으며, 출제자의 의도를 정확히 파악하지 않으면 정답을 선택하기 어렵다. 이런 점에서 국어 만점자는 단순한 공부량이 아니라, 깊이 있는 사고력과 논리적 독해력을 갖춘 학생들이라고 할 수 있다.

그렇다면 어떻게 해야 할까?
학생들이 국어를 더 잘하기 위해서는 '읽기 습관'을 바꿔야 한다. 단순한 문제 풀이에 집중하는 것이 아니라, 다양한 텍스트를 접하고, 사고력을 확장시키는 경험이 필요하다. 또한, 논리적 사고력을 키우기 위해 철학적 질문과 토론을 통해 깊이 있는 사고를 연습해야 한다. 단순한 정답 찾기가 아니라, 맥락을 이해하고 적용하는 과정이 중요하다. 국어는 모든 학문의 기초다. 수학 문제를 풀 때조차 문제를 정확히 읽고 해석하는 능력이 필요하다. 따라서 국어 공부를 단순한 시험 대비가 아니라, 사고력 훈련의 과정으로 접근해야 한다. 결국, 국어를 잘한다는 것은 단순히 언어를 잘 다루는 것이 아니라, 세상을 이해하는 능력을 키우는 것이다. 수학보다 국어가 어려운 이유가 바로 여기에 있다.

6
한국의 영어 교육체계, 무엇이 문제인가?

우리나라에서 영어 교육에 대한 열망은 유난히 강하다. 어릴 때부터 영어유치원(영유)에 보내고, 조기 유학을 고민하며, 사교육에 많은 시간을 투자한다. 하지만 정작 공교육의 영어 커리큘럼을 보면 현실과의 괴리가 크다. 현재 중학교 영어 교육의 수준은 미국 초등학생 수준과 크게 다르지 않다. 기본적인 문법과 단어 학습에 머물러 있으며, 실질적인 독해와 사고력 훈련은 충분하지 않다. 그런데 고등학교, 특히 수능 영어에서는 갑자기 논리적 사고와 추론 능력을 평가하는 시험으로 변화한다. 즉, 중학교까지는 단순한 지식 습득형 학습을 하다가 고등학교에서 갑자기 '논리적 사고력'을 요구하는 시험을 보게 되는 것이다. 이 간극이 학생들에게 얼마나 큰 부담으로 작용하는지는 쉽게 예상할 수 있다. 물론, 여러 가지 현실적인 이유가 있을 것이다. 영어를 배우는 환경이 다르고, 학습 시간이 제한적이며, 공교육 시스템이 급격하게 변화하기 어렵다는 점도 이해할 수 있다. 하지만 문제를 단순히 제도 탓으로만 돌려서는 안 된다. 중요한 것은, 이 현실 속에서 어떻게 하면 학생들이 효과적으로 영어를 학습하고, 결국 영어를 '도구'로 활용할 수 있도록 도울 것인가 하는 점이다.

문법 교육, 불필요한가?

영어 교육과 관련하여 항상 논란이 되는 것이 바로 '문법 중심 교육'이다. 오랫동안 한국의 영어 교육은 문법을 강조해왔고, 이에 대한 비판도 많았다. 문법을 공부한다고 해서 실제 영어 실력이 향상되는 것은 아니라는 주장도 있다. 하지만 문법은 분명히 중요하다. 문법을 전혀 배우지 않고 영어를 유창하게 구사하는 것은 불가능에 가깝다. 문제는 문법을 어떻게 가르칠 것인가 하는 방식의 문제다. 문법을 단순한 암기 과목으로 가르치는 것이 아니라, 실질적인 영어 사용과 연결시켜야 한다. 문법은 영어라는 언어의 구조를 이해하는 도구이지, 그 자체가 목적이 되어서는 안 된다.

사교육이 해야 할 역할

이런 상황에서 공교육이 해결하지 못하는 부분을 사교육이 보완해야 한다고 생각한다. 단순히 시험 점수를 올리기 위한 교육이 아니라, 학습의 난도 간극을 줄이고, 동시에 영어 교육의 본질을 살릴 수 있도록 지도해야 한다.

첫째, '실용적인 문법 교육'이 필요하다. 문법을 단순히 암기하는 것이 아니라, 독해와 작문, 말하기와 연계하여 자연스럽게 익힐 수 있도록 해야 한다. 문법을 배우는 것이 실전에 도움이 된다는 경험이 쌓여야 한다.

둘째, 독해와 논리적 사고력을 함께 길러야 한다. 단순히 단어와 문법을 조합하는 것이 아니라, 텍스트를 분석하고, 문맥을 파악하며, 출제자의 의도를 이해하는 훈련이 필요하다. 특히 수능과 같은 시험에서 요구하는 '추론 능력'을 키우는 것은 단기적인 기술이 아니라, 장기적인 학습을 통해 습득해야 하는 능력이다.

셋째, 영어 학습을 '시험 대비'가 아닌 '도구 활용'의 관점에서 접근해야 한다. 영어는 결국 정보의 습득과 의사소통을 위한 수단이다. 단순히 문제를 잘 푸는 것을 넘어, 학생들이 영어를 통해 더 넓은 세계를 경험할 수 있도록 학습 방향을 설정해야 한다.

결국, 영어 교육은 시험과 실용성을 동시에 고려해야 한다. 단순히 점수를 올리는 것이 아니라, 장기적으로 학생들이 영어를 능숙하게 활용할 수 있도록 돕는 것이 목표가 되어야 한다. 그리고 이를 위해서는 공교육과 사교육이 조화를 이루며, 학생들에게 실질적인 도움을 줄 수 있는 방향으로 나아가야 한다. 나는 지아이학원에서 이러한 영어 교육의 방향성을 실현하고 싶다. 학생들에게 단순한 암기식 교육이 아닌, 실질적인 영어 능력을 기를 수 있는 환경을 제공하는 것. 이것이 사교육이 해야 할 역할이고, 앞으로 우리가 가야 할 방향이라고 믿는다.

7

학습의 연결성을 키워야 한다

학생들을 지도하다 보면, 때로는 '돋보기를 쓰고 있는 듯한' 느낌을 주는 학생들이 있다. 이들은 개념 하나하나를 나름대로 잘 이해하고 있지만, 그 개념들이 서로 연결되지 않는다. 단원 테스트에서 이차함수와 이차방정식의 관계를 학습하고, 대표적인 유형도 곧잘 풀어내던 학생이 이차함수의 꼭짓점이 있냐고 물어보았을 때가 그랬다. 이 학생은 표면적인 개념을 알고 있지만, 전체적인 맥락에서 그 개념을 활용하지 못하는 모습을 보였다. 이 학생의 성적은 결코 나쁜 편이 아니었다. 중학교 수준에서는 충분히 상위권에 속했다. 하지만 나는 이 학생이 고등학교에 진학하면 문제가 생길 수 있겠다는 생각을 했다. 왜냐하면 고등학교 학습은 단순히 개별적인 개념을 아는 것에 그치지 않고, 개념들 간의 연결성을 바탕으로 문제를 해결하는 능력을 요구하기 때문이다.

학습 회로의 연결이 필요하다

이 학생을 보며 떠오른 비유가 있었다. 마치 뇌세포들이 따로따로 작동하는 것 같다는 느낌이었다. 학습의 목적은 단순히 많은 개념을 아는 것이 아니라, 그 개념들이 유기적으로 연결되어 실제 문제 상황에서 활용될 수 있도록 만드는 것이다. 하지만 이 학생은 하나의 개념을 알고 다음 개념으로 넘어갈 때, 그 전의 개념과 연결짓지 못했다. 이는 마치 퍼즐 조각을 하나하나 잘 가지고 있지만, 그 조각들을 맞추어 하나의 그림을 완성하지 못하는 상태였다. 학습을 잘한다는 것은 단순히 많은 정보를 머릿속에 넣는 것이 아니라, 새로운 정보를 기존의 정보와 연결시키는 것이다. 이를 심리학에서는 '스키마(Schema)'라고 한다. 스키마란 새로운 정보를 기존의 지식 체계와 연결하여 더 잘 이해하고 기억할 수 있게 만드는 인지적 틀을 의미한다. 이 학생에게 필요한 것은 바로 이러한 스키마를 만들어주는 학습이었다.

전과목 강사의 역할이 중요하다

그래서 나는 이 학생을 지도할 때, 단순히 수학적 개념만을 강조하지 않았다. 전과목 강사들이 이 학생의 학습 과정에 지속적으로 학습 회로를 연결시켜주는 방향으로 접근했다. 예를 들어, 이차함수의 꼭짓점을 설명할 때, 단순히 '수학적 정의'를 넘어, 과학에서의 곡선운동이나 사회 시간에 나오는 통계 그래프와 연결해 설명했다. 국어 시간에 나오는 논리적 흐름을 수학 문제 풀이의 논리 전개와 연결시키기도 했다. 이 과정에서 중요한 것은 학생이 스스로 개념 간의 연결성을 느낄 수 있게 만드는 것이었다. 단순히 강사가 설명해주는 것으로 끝나는 것이 아니라, 학생이 "아, 이 개념이 저기에도 쓰이는구나!"라고 스스로 깨닫게 하는 것이 목표였다. 이를 위해 강사들은 수업 시간에 의도적으로 '연결 질문'을 던졌다. "이차함수의 꼭짓점을 물리 시간에 나오는 포물선 운동과 연결할 수 있겠니?" 또는 "이 그래프의 변화 추이를 사회 시간에 배운 통계와 비교해보자." 같은 식이었다.

끊어진 회로를 이어주는 학습법

이 학생에게 가장 효과적이었던 방법은 '생각의 끈을 이어주는 질문'이었다. 문제를 풀 때마다 "왜?"라는 질문을 던지게 했다. "왜 이 공식이 사용될까?", "왜 이 문제를 이렇게 접근해야 할까?" 하는 질문을 통해, 학생은 단순히 문제를 푸는 것이 아니라 그 문제의 본질을 이해하게 되었다. 이러한 질문들은 학습의 깊이를 만들어주었고, 학생의 사고 회로를 하나의 선으로 연결해 주었다. 또한, 문제 풀이 후 반드시 '되돌아보기'를 하게 했다. 문제를 풀고 난 후 "이 문제의 개념은 다른 과목의 어떤 개념과 연결될까?", "이 문제를 풀 때 사용한 방법을 다른 상황에서도 쓸 수 있을까?"와 같은 복합적인 사고를 유도했다. 이러한 과정은 학생이 학습한 내용을 단순히 외우는 것이 아니라, 활용할 수 있는 지식으로 전환시키는 데 도움을 주었다.

결국, 학생은 변화했다

시간이 지나면서 이 학생의 변화가 보이기 시작했다. 단순히 '개념을 알고 있다'에서 '개념을 활용할 수 있다'로 변해갔다. 더 이상 돋보기를 쓰고 부분만 보는 것이 아니라, 전체적인 그림을 보는 능력이 생겼다. 수학 문제를 풀 때, "이 개념을 다른 문제에서도 활용할 수 있겠네요!"라고 말할 정도로 학습의 연결성이 강화되었다. 이러한 변화는 단지 한 학생에게만 해당하는 이야기가 아니다. 많은 학생들이 '학습의 연결성 부족'이라는 문제를 겪는다. 강사들이 각자의 과목만을 가르치는 것이 아니라, 학생의 학습 회로를 연결해주는 역할을 해야 한다는 깨달음을 얻었다. 학습의 목적은 단순히 시험을 잘 보는 것이 아니라, 새로운 문제 상황에서도 기존의 지식을 활용할 수 있는 능력을 기르는 것이다.

TEAM 지아이의 목표는 바로 여기에 있다. 학생들이 단순히 문제를 푸는 기술을 배우는 것이 아니라, 모든 학습을 하나의 큰 그림으로 연결할 수 있도록 돕는 것. 이를 통해 학생들이 고등학교 뿐만 아니라, 그 이후의 학습과 삶에서도 문제를 해결할 수 있는 능력을 갖추게 하는 것이다. 이러한 학습의 본질을 놓치지 않는다면, 학생들은 언제 어디서나 학습적 성장을 이어갈 수 있을 것이다.

8
학습회로를 이어주는 질문과 대화법

학생들을 지도하다 보면, 같은 내용을 배웠음에도 불구하고 학생마다 이해의 깊이가 다른 것을 느끼게 된다. 이는 단순히 머리가 좋은 학생과 그렇지 않은 학생의 차이가 아니다. 그 차이는 바로 학습 회로를 얼마나 잘 연결하느냐에 있다. 많은 학생들이 수업 시간에 배우는 개념을 그 순간에는 이해한 듯 보이지만, 시간이 지나면 기억에서 사라지거나, 다른 문제 상황에서는 활용하지 못하는 경우가 많다. 이는 학습이 '표면적 이해'에 그쳤다는 신호다. 진정한 학습은 새로운 개념이 기존의 지식과 연결되어, 언제 어디서나 활용할 수 있는 상태가 되는 것이다.

학습 회로를 이어주는 질문이 필요한 이유
학생의 학습 회로를 이어주는 가장 효과적인 방법은 '질문'이다. 일반적인 설명과 지식 전달만으로는 학생의 사고가 활성화되지 않는다. 반면, 질문은 학생이 스스로 생각하게 만들고, 새로운 개념을 기존의 지식과 연결할 수 있도록 돕는다. 한 예로, TEAM 지아이에서 수학 수업을 진행할 때 삼각형의 내각의 합을 배웠다면, 단순히 "삼각형의 내각의 합은 몇 도인가요?"라고 묻기보다 "삼각형의 내각의 합이 다른 도형에서도 활용될 수 있을까요?"라고 질문한다. 이때 학생들은 단순히 공식을 떠올리는 것을 넘어서, 내각의 합을 사각형이나 다각형에서도 적용할 수 있는 방법을 고민하게 된다. 이는 학생들이 배운 개념을 단편적으로 외우는 것이 아니라, 다양한 상황에서 활용할 수 있도록 돕는 방식이다.

학습 회로를 연결하는 질문의 유형

1. 비교와 연결을 묻는 질문

"이 개념과 전에 배운 개념 중 어떤 점이 비슷하고, 어떤 점이 다른가요?" "오늘 배운 수학 공식이 과학 시간에 배운 그래프와 어떻게 연결될까요?" 이런 질문은 학생이 새로운 개념을 기존의 지식과 비교하며, 자연스럽게 두 가지 정보를 연결하도록 돕는다.

2. 응용과 활용을 묻는 질문

"이 공식을 다른 문제에 적용할 수 있을까요?" "오늘 배운 내용을 친구에게 설명한다면 어떻게 설명할 수 있을까요?" 응용 질문은 학생이 단순히 이해하는 것을 넘어, 실제 문제 상황에서도 지식을 활용할 수 있도록 만든다. 이 과정에서 학생들은 학습의 '전이(Transfer)'를 경험하게 된다. 이는 심리학적으로도 새로운 상황에서 기존의 학습을 적용할 수 있는 능력을 키워준다.

3. 상황을 가정하는 질문

"만약 이 문제의 조건이 바뀐다면, 결과는 어떻게 될까요?" "이 사건이 다른 시대에 발생했다면 어떤 결과가 나왔을까요?" 상황을 가정하는 질문은 학생의 사고를 확장시킨다. 이는 학생들이 단순히 정답을 찾는 것이 아니라, 문제의 본질을 이해하고 다양한 상황에서도 적용할 수 있도록 돕는다.

4. 자신의 생각을 묻는 질문

"이 문제를 푸는 다른 방법이 있을까요?" "왜 이런 방법을 선택했나요?" 자신의 생각을 묻는 질문은 학생이 스스로의 사고 과정을 인식하게 만든다. 이는 메타인지(Metacognition) 능력을 키워주며, 학생이 자기 학습을 조절할 수 있게 돕는다.

학습 회로를 이어주는 대화법

질문뿐 아니라 대화의 방식도 중요하다. 단순히 정답을 맞히는 대화가 아닌, 학생이 스스로 생각하게 하는 대화가 필요하다. 예를 들어, 학생이 문제를 틀렸을 때 "이 문제의 정답은 이거야."라고 말하기보다, "어떤 점에서 헷갈렸니?"라고 물어본다. 이 질문은 학생이 자신의 사고 과정을 되돌아보고, 잘못된 부분을 스스로 찾아 수정할 기회를 준다. 또한, 학생이 정답을 맞혔다고 해도 "정말 잘했어!"라는 칭찬에 그치지 않고, "어떻게 이 방법을 떠올리게 되었니?"라고 물어보는 것이 좋다. 이 과정에서 학생은 단순히 결과가 아니라, 과정에 집중하게 된다.

학습 회로가 연결된 학생의 변화

학습 회로가 연결되면 학생의 학습 태도가 달라진다. 단순히 문제를 푸는 데 그치지 않고, 배운 개념을 다른 문제나 상황에서도 적용할 수 있게 된다. 실제로 TEAM 지아이에서도 이런 방식으로 질문을 유도했을 때, 학생들이 문제를 접근하는 방식이 달라졌다. 예전에 단순 암기에 의존하던 학생이, 이제는 문제를 읽고 스스로 '이 문제는 어떤 개념과 연결되어 있을까?'라고 질문하는 모습을 보인다. 이는 학습의 가장 건강한 변화다. 결국, 학습의 목적은 학생이 혼자서도 문제를 해결할 수 있는 힘을 갖게 만드는 것이다.

결론: 질문은 학습의 시작이다

결국 학습 회로를 이어주는 질문과 대화법은 학생의 학습 능력을 한 단계 끌어올리는 열쇠다. 학원에서, 가정에서, 학교에서 끊임없이 학생에게 생각할 기회를 주는 질문을 던지는 것. 그것이 학생이 진정한 학습을 경험하도록 돕는 방법이다. TEAM 지아이에서는 앞으로도 이러한 질문을 통해 학생들이 단순히 공부를 '하는' 것이 아니라, 공부를 '이해하고 활용하는' 단계로 나아갈 수 있도록 지도할 것이다.

9

빠른 강의 속도를 이겨내는 필기의 기술

학생들을 지도하다 보면 종종 필기법에 대한 질문을 받는다. "선생님, 필기는 어떻게 해야 하나요?"라는 물음이다. 사실 필기는 단순히 받아쓰거나 글씨를 연습하는 행위가 아니다. 진정한 필기의 목적은 내가 이해한 내용을 적으며 스스로 확인하는 데 있다. 예전에도 그랬지만, 요즘 학생들 역시 필기를 그냥 단순히 받아쓰기, 글씨 연습으로 생각하는 경우가 많다. 수업 시간에 선생님이 말한 것을 그대로 옮겨 적으며, 마치 이 행동 자체가 공부의 전부인 것처럼 착각하기도 한다. 하지만 이러한 필기는 나중에 노트를 다시 펼쳤을 때, "이게 무슨 말이지?"라는 생각만 들게 만든다.

필기, 명사형이 아니라 구어체로 써라

학생들에게 추천하는 필기법 중 하나는 '구어체 서술형 필기'다. 필기를 할 때는 단순히 단어만 나열하는 것보다는, 마치 누군가에게 설명하듯이 풀어서 적는 것이 좋다. 예를 들어, "차은우 지정"이라고만 적으면 나중에 "무슨 지정이지?"라고 헷갈릴 수 있다. 대신 "차은

우를 먼저 뽑고, 어디에 배치할지 지정해야 한다"라고 적으면, 다시 볼 때도 설명을 들었던 내용이 쉽게 떠오른다. 이 방법은 특히 서술형 평가에서도 도움이 된다. 학생들이 스스로 문장을 만들며 필기를 하면, 자연스럽게 논리적인 사고를 연습하게 된다. 또한, 시험 때 단순히 암기한 것을 꺼내 쓰는 것이 아니라, 이해한 내용을 바탕으로 답변할 수 있는 능력을 키울 수 있다.

선생님의 호흡(Pause)에 맞춰라

또 한 가지 중요한 점은 강사 선생님의 호흡(Pause)에 맞추어 필기를 해야 한다는 것이다. 이상적인 상황에서는 선생님이 학생의 호흡에 맞추어 자연스러운 'Pause'를 주며 설명해 주겠지만, 실제 수업에서는 그렇지 않은 경우도 많다. 특히 대형 학원이나 온라인 강의에서는 강의 속도가 빠를 수 있다. 이럴 때 학생들은 자신만의 방법으로 필기 속도를 맞춰야 한다. 예를 들어, 중요한 키워드를 휘갈겨 적고 나중에 쉬는 시간에 보충하는 방법이 있다. 또는 녹음 기능을 활용해 수업 내용을 녹음하고, 집에 가서 다시 들으며 필기를 정리하는 것도 좋은 방법이다. 수업 중에 다 따라가지 못하더라도, 중요한 포인트를 놓치지 않도록 자신만의 '메모법'을 만들어야 한다.

빠른 강의 속도를 이겨내는 필기 전략

강의 중에 선생님의 'Pause'가 충분하지 않다면, 학생 스스로 속도를 맞출 수 있는 몇 가지 방법이 있다.

1. 키워드 위주로 적기: 선생님이 강조하는 단어나 문장만 빠르게 적고, 나중에 이를 풀어 쓰는 방법이다.
2. 기호와 약어 사용: 예를 들어, '왜냐하면'은 '→', '예시'는 'Ex.' 등으로 간단히 표기할 수 있다.
3. 녹음 및 복습: 수업을 녹음해 두고 집에서 다시 듣는 것도 좋은 방법이다. 특히 중요한 부분은 여러 번 반복해서 들으며 필기를 보완할 수 있다.
4. 쉬는 시간을 활용한 보충: 수업 중에 다 적지 못한 내용을 쉬는 시간에 보완하여 완성도를 높인다.

필기 후 복습이 진짜 학습이다

사실 필기의 진짜 목적은 '복습'에 있다. 수업 시간에 적은 필기는 그 자체로 완성된 것이 아니다. 쉬는 시간이나 자습 시간에 필기를 다시 보면서, 내가 제대로 이해했는지를 확인해야 한다. 이때도 단순히 필기를 다시 읽는 것이 아니라, "이 내용을 친구에게 설명할 수 있을까?"라는 생각으로 접근하면 좋다. 학생들이 학원에서 수업을 듣고 필기를 할 때, 나는 항상 "적고 나서 다시 봤을 때 이해할 수 있는가?"를 묻는다. 많은 학생들이 필기한 내용을 복습할 때, 이해가 되지 않는 부분을 발견한다. 이때 필요한 것은 다시 수업 내용을 떠올려 보고, 모르는 부분이 있으면 그 즉시 선생님께 질문하거나, 추가 자료를 찾아보는 것이다.

마무리: 필기는 나의 생각을 적는 것이다

결국, 필기는 '내 생각을 적는 것'이어야 한다. 수업 시간에 받은 정보를 단순히 적는 것이 아니라, 내가 이해한 내용을 나만의 언어로 표현하는 것이다. 이렇게 필기하면, 나중에 시간이 지나도 그 필기만 보고 수업 내용을 되살릴 수 있다. 학생들에게 진정한 필기법을 알려주는 것도 학원의 중요한 역할이다. 학생들이 단순히 받아쓰기에 그치지 않고, 학습의 본질을 이해하고 스스로 학습할 수 있는 힘을 키우도록 돕고 싶다. 필기를 통해 진짜 학습의 즐거움을 느끼고, 그 과정에서 얻은 성취감을 통해 스스로의 성장을 확인할 수 있기를 바란다.

10

뇌의 진화와 학습의 관계 : 학생들의 학습 효율을 높이는 방법

 공부는 단순히 지식을 축적하는 행위가 아니다. 인간의 뇌는 학습을 통해 지속적으로 진화하며, 그 과정에서 새로운 신경 연결을 형성하고 기존의 회로를 강화한다. 특히 학생들의 학습 과정에서 뇌의 활성화는 매우 중요한 역할을 한다. 뇌를 각성한 상태에서 학습을 진행하면 학습 효과가 극대화될 수 있다. 이 글에서는 인간의 뇌와 학습의 관계를 살펴보고, 초등학생부터 대학생까지 각 학령기에 맞는 학습 전략을 제시해보고자 한다.

1. 인간의 뇌와 학습의 관계
뇌의 각성과 학습

 인간의 뇌는 학습을 통해 시냅스(신경세포 간 연결)를 강화한다. 학습이 진행될 때 뉴런 사이의 시냅스 연결이 활성화되며, 이는 마치 뇌의 '근육'을 키우는 것과 비슷하다. 신경과학자 Donald Hebb는 "함께 발화하는 뉴런은 함께 연결된다(Cells that fire together, wire together)"라는 말을 통해 학습의 반복과 뇌의 연결 강화의 관계를 설명했다.

특히 학습 전 뇌를 각성하는 활동은 이러한 시냅스 연결을 더욱 강화시킨다. 신체 활동, 간단한 퀴즈, 놀이 학습 등을 통해 뇌의 도파민과 같은 신경전달물질이 분비되면, 학습에 대한 동기부여가 강화되고 집중력이 높아진다.

연령에 따른 뇌의 발달 차이

- 어린이(초등학생): 전두엽이 아직 완전히 발달하지 않아 충동 조절과 계획적인 행동이 어렵다. 이 시기에는 놀이와 학습을 결합한 방식이 효과적이다. 놀이를 통해 뇌의 각성을 유도하고, 자연스럽게 학습에 접근하도록 하는 것이 좋다.

- 청소년(중학생, 고등학생): 사춘기를 지나면서 전두엽이 발달하기 시작한다. 이 시기에는 논리적 사고와 문제 해결 능력이 강화되며, 자기주도 학습이 가능해진다. 뇌의 각성을 위해 학습 전 스트레칭이나 가벼운 운동을 통해 집중력을 높이는 방법이 효과적이다.

- 성인(대학생): 전두엽의 발달이 거의 완료되면서 고차원적인 사고와 계획 능력이 극대화된다. 이 시기에는 복잡한 문제 해결, 토론, 프로젝트 기반 학습이 효과적이다. 또한 학습 후 수면을 통해 뇌가 학습 내용을 장기 기억으로 저장하도록 돕는 것이 좋다.

2. 학령기별 학습 전략

초등학생: 놀이를 통한 뇌의 각성

초등학생들은 놀이를 통해 자연스럽게 학습에 접근할 수 있다. 연구에 따르면, 신체 활동을 동반한 학습은 뇌의 전두엽을 자극하고 학습 능력을 향상시킨다. 예를 들어, 수학 문제를 풀 때 카드 게임이나 블록을 활용하면 학습의 재미를 높일 수 있다. 또한, 간단한 퀴즈나 게임을 통해 학습 전 뇌를 각성시키는 것도 좋은 방법이다.

중학생: 자기주도 학습과 집중력 강화

중학생들은 논리적 사고와 문제 해결 능력이 발달하는 시기다. 이 시기에는 스스로 학습 계획을 세우고 실천할 수 있도록 돕는 것이 중요하다. 학습 전에 간단한 운동을 하거나, 음악을 들으며 뇌를 각성시키는 것이 좋다. 또한, 복습을 통해 시냅스 연결을 강화하고, 필기를 통해 학습 내용을 구체화하는 방법도 효과적이다.

고등학생: 고차원적 사고와 실전 연습

고등학생들은 학습의 깊이를 더해가는 시기다. 단순 암기보다는 이해를 기반으로 한 학습이 필요하다. 예를 들어, 수학 문제를 풀 때 답을 외우는 것이 아니라 문제를 풀어가는 과정을 이해하고 스스로 설명해보는 방법이 좋다. 이 시기에는 그룹 토론이나 발표 수업을 통해 자신의 생각을 정리하고 표현하는 연습도 필요하다.

대학생: 실전 경험을 통한 뇌의 활성화

대학생들은 이론을 실제로 적용해보는 경험을 통해 학습 효과를 극대화할 수 있다. 인턴십, 프로젝트, 실험 등을 통해 뇌의 다양한 영역을 자극할 수 있다. 또한, 학습 후 충분한 수면을 통해 뇌가 학습 내용을 정리하고 기억할 수 있도록 돕는 것이 중요하다. 연구에 따르면, 수면 중 뇌의 해마(Hippocampus)와 대뇌피질이 활성화되어 단기 기억이 장기 기억으로 전환된다고 한다.

3. 뇌의 각성(Pause)을 활용한 학습법

학습 중 'Pause(휴식)'를 활용하는 것도 좋은 방법이다. 집중 시간이 지나면 잠깐의 휴식을 통해 뇌를 재충전할 수 있다. 연구에 따르면, 50분 학습 후 10분간의 휴식을 취하면 집중력이 다시 상승하는 '뇌의 리셋' 효과를 볼 수 있다. 이때 스트레칭을 하거나, 짧은 산책을 통해 뇌의 산소 공급을 늘리는 것도 도움이 된다.

결론: 뇌의 각성과 학습의 선순환 구조 만들기

결국 학습은 뇌의 진화 과정과 밀접한 관련이 있다. 학생들이 학습 전 뇌를 각성시키고, 학습 후에는 충분한 휴식을 통해 배운 내용을 정리할 수 있도록 돕는 것이 중요하다. 학원에서도 학생들의 뇌를 깨우는 다양한 활동을 도입하고, 학습 중 적절한 'Pause'를 통해 학습 효율을 극대화할 수 있도록 해야 한다. 이를 통해 학생들은 단순히 지식을 쌓는 것이 아니라, 뇌의 능력을 극대화하여 진정한 학습의 즐거움을 느낄 수 있을 것이다.

11

좋아하는 것을 해야 할까?
잘하는 것을 해야 할까?

자주 듣는 질문 중 하나가 "선생님, 저는 좋아하는 걸 해야 할까요, 아니면 잘하는 걸 해야 할까요?"라는 것이다. 이 질문은 단순히 진로 선택뿐만 아니라 일상적인 학습 태도에서도 중요한 의미를 가진다. 좋아하는 것을 선택하면 동기부여가 높아진다는 장점이 있지만, 잘하는 것을 선택하면 성취감을 통해 더 큰 만족을 얻을 수 있다. 그렇다면 무엇이 더 옳은 선택일까? 이를 이해하기 위해 인간의 뇌와 학습의 관계를 살펴볼 필요가 있다.

1. 좋아하면 잘하게 되는가?
뇌의 보상 시스템과 학습

인간의 뇌에는 '보상 시스템(Reward System)'이 있다. 이 시스템은 무언가를 좋아하고 즐길 때 뇌에서 도파민이라는 신경전달물질을 분비하며 활성화된다. 도파민은 학습과 기억을 강화하는 역할을 한다. 예를 들어, 학생이 좋아하는 과목을 공부할 때 뇌는 즐거움을 느끼며 그 학습 내용을 더욱 잘 기억하게 된다. 특히 취미 활동이나 흥미로운 주제를 탐구할 때 우리는 자연스럽게 몰입 상태(Flow)에 빠지게 된다. 몰입 상태에서는 집중력이 극대화되고 시간의 흐름을 잊을 정도로 학습 효과가 커진다. 연구에 따르면, 몰입 상태에서 학습한 내용은 그렇지 않을 때보다 최대 30% 더 오래 기억된다고 한다.

좋아하는 과목이 잘하는 과목으로 연결되는 경우

좋아하는 것은 반복적으로 하게 되고, 반복은 곧 숙련도로 이어진다. 예를 들어, 음악을 좋아하는 학생이 자주 음악을 듣고 악기를 연습하면 자연스럽게 음악적 실력이 향상된다. 이는 학습에서도 동일하게 적용된다. 역사에 흥미가 많은 학생은 역사책을 읽는 시간이 즐겁고, 그 결과 역사 과목의 성적이 높아지는 경우가 많다. 하지만 문제는 모든 학생이 좋아하는 과목을 지속적으로 잘하게 되는 것은 아니라는 점이다. 좋아하는 것만으로는 충분하지 않다. 좋아하지만 노력하지 않거나 체계적인 학습을 하지 않으면 결국 성취에 한계를 느끼게 된다.

2. 잘하면 좋아하게 되는가?

성취감과 자기 효능감(Self-Efficacy)

잘하는 것은 곧 성취감을 준다. 성취감은 자기 효능감을 높여주는데, 이는 자신이 어떤 일을 할 수 있다는 믿음을 의미한다. 자기 효능감이 높은 학생은 새로운 도전에도 긍정적인 태도를 가지며 실패를 두려워하지 않는다. 예를 들어, 수학을 잘하는 학생은 새로운 수학 문제를 만났을 때도 "내가 이걸 풀 수 있을 거야"라는 긍정적인 마음으로 접근하게 된다. 잘하는 과목을 좋아하게 되는 경우는 주로 이 성취감에서 비롯된다. 처음에는 어려웠던 과목이라도 좋은 성적을 받거나 문제를 해결했을 때의 만족감이 쌓이면서 점차 그 과목에 대한 호감이 생긴다. 특히 성취를 반복하면서 뇌에서는 보상 시스템이 활성화되어, 그 과목을 공부할 때 즐거움을 느끼게 된다.

3. 과목별 좋아하게 되는 이유의 차이

각 과목마다 학생들이 좋아하게 되는 이유는 다를 수 있다. 예를 들어

- 수학: 문제 해결의 즐거움, 논리적 사고의 재미, 정답을 맞췄을 때의 성취감
- 국어: 감정 표현의 자유, 문학 작품을 통한 공감, 언어적 사고의 발전
- 영어: 새로운 언어를 통해 세계를 이해할 수 있는 기회, 외국 문화에 대한 호기심
- 과학: 실험을 통한 탐구, 호기심을 충족시키는 발견의 기쁨
- 사회/역사: 과거와 현재의 연결고리를 발견하는 재미, 사회 현상에 대한 이해

학생마다 학습 스타일이 다르기 때문에 같은 과목이라도 좋아하게 되는 이유는 천차만별이다. 중요한 것은 학생들이 그 과목에서 느낄 수 있는 '재미 요소'를 발견하게 도와주는 것이다.

4. 학습 환경과 교사의 역할

좋아하는 것과 잘하는 것을 연결해주는 중요한 역할을 하는 것이 바로 학습 환경과 교사의 지도이다. 학생들이 특정 과목을 좋아하게 만들기 위해서는 학습 초기 단계에서 긍정적인 경험을 제공해야 한다. 교사는 학생이 성공을 경험할 수 있는 작은 목표를 설정하고, 그

목표를 달성했을 때 충분히 칭찬하고 격려해야 한다. 또한 학생이 특정 과목에서 어려움을 느낄 때, 이를 극복할 수 있는 구체적인 방법을 제시해주는 것도 중요하다. 예를 들어, 수학 문제를 어려워하는 학생에게는 문제를 작은 단계로 나누어 차근차근 접근할 수 있도록 도와주는 것이다. 이러한 경험이 쌓이면 학생은 어려웠던 과목에서도 성취감을 느끼게 되고, 점차 그 과목을 좋아하게 될 가능성이 높아진다.

결론: 좋아하는 것과 잘하는 것의 균형 잡기

좋아하는 것을 해야 할지, 잘하는 것을 해야 할지에 대한 정답은 학생마다 다를 수 있다. 하지만 중요한 것은 좋아하는 것을 통해 잘하게 되는 경험을 쌓거나, 잘하는 것을 통해 좋아하게 되는 긍정적인 순환 구조를 만드는 것이다. 학습 초기에는 학생들이 좋아하는 것에 집중하게 하되, 점차 그 영역을 넓혀가며 잘하는 것을 발견할 수 있는 기회를 제공해야 한다. 또한, 학생들이 단순히 좋아하는 감정에 머물지 않고, 잘하는 영역으로 발전할 수 있도록 꾸준한 피드백과 학습 환경을 제공하는 것이 필요하다. 결국 학생들이 좋아하는 과목에서 성취감을 느끼고, 잘하는 과목에서 즐거움을 찾을 수 있도록 돕는 것이 교육자의 역할이라고 생각한다. 이러한 선순환이 이루어질 때, 학생들은 진정으로 학습의 즐거움을 느끼며 성장할 수 있을 것이다.

12

스피닝과 공부, 암기의 본질

나는 매일 아침 스피닝을 한다. 페달을 밟으며 하루를 시작하는 이 시간이 내게는 운동 그 이상의 의미를 갖는다. 하지만 최근에는 스피닝을 하면서도 학원 운영과 학생 교육에 대한 고민이 머릿속을 떠나지 않았다. 그러다 보니 동작을 따라 하면서도 몸이 제대로 반응하지 않는다는 걸 느꼈다. 음악이 흐르고, 강사가 지시하는 대로 따라 하긴 하지만, 내 머리는 완전히 다른 곳에 가 있었다. 어느 날, 스피닝 강사님의 말씀이 내게 강한 인상을 남겼다. "동작을 외울 때 그냥 보고 따라 하면 절대 익히지 못합니다. 자기 식대로 한 번 해봐야 해요. 몸이 직접 경험해야 익숙해져요." 순간, 나는 무언가에 맞은 듯 멈춰 섰다. 강사님은 이어서 말했다. "눈을 감고 동작을 익혀 보세요. 그래야 진짜 내 것이 됩니다." 그 말을 듣고 나니 내가 하고 있던 실수가 분명해졌다. 나는 단순히 동작을 받아들이고 기계적으로 반복하는 것에만 집중하고 있었다. 내 몸이 직접 동작을 이해하고 적응하는 과정이 없었으니, 당연히 익숙해지지 않는 것이었다. 마치 학생들이 수업 시간에 필기를 하고 문제를 풀지만, 정작 자신이 이해하지 못한 채 단순히 외우기만 하는 것과 같았다.

　스스로 해보는 것이 중요하다는 점을 나는 누구보다 잘 알고 있다. 학생들에게도 항상 강조한다. "암기는 저절로 되는 것이 아니다. 직접 해보고, 자기 식대로 끼워 맞추어야 한다." 하지만 나는 정작 스피닝에서 이 원칙을 지키지 않고 있었다. 그러다 보니 부끄러운 마음이 들었다. 나는 학원에서 학생들에게 개념을 단순히 전달하는 것이 아니라, 학생들이 그것을 스스로 체득하게끔 유도하고 있는가? 혹시 나는 그저 '현란한 춤'만 추며 가르치고 있는 것은 아닐까? 학생들도 같은 감정을 느낄지 모른다. 수업 시간에 선생님의 설명을 들으며 문제를 푸는 동안, 머릿속에서는 전혀 다른 생각을 하고 있을 수도 있다. 표면적으로는 학습하고 있지만, 정작 자신이 직접 고민하고 적용하는 과정이 없으면 아무 의미가 없다. 결국, 중요한 것은 단순한 반복이 아니라, 자기 방식대로 해보며 완전히 체화하는 과정이다. 스피닝과 공부는 닮아 있다. 처음에는 어색하고 몸이 따라주지 않지만, 직접 해보면서 익히고 자기 것으로 만들어야 한다. 그렇지 않으면 아무리 오랜 시간을 투자해도 실력이 늘지 않는다. 나는 이 깨달음을 학생들에게 꼭 전해주고 싶다.

학생들을 위한 학습 지침
　이 깨달음은 학생들에게 더욱 중요하다. 많은 학생들이 "왜 공부가 잘 안 되지?"라고 고민한다. 하지만 그 이유는 대부분 '공부하는 방법을 제대로 배우지 못했기 때문'이다.

1. 단순 반복이 아니라, 자기 것으로 만들어야 한다

공부의 핵심은 단순한 암기가 아니라, 스스로 해보고 자기 것으로 만드는 과정이다. 선생님이 칠판에 적은 것을 그대로 베껴 쓰는 것이 아니라, 자신만의 방식으로 정리하고 설명할 수 있어야 한다. "이 개념을 친구에게 설명해볼 수 있을까?"라고 스스로 질문하며 학습하는 습관을 가져야 한다.

2. 자기만의 방식으로 이해하고 연결하라

암기는 단순히 읽고 쓰는 것이 아니라, 개념을 연결하고 자기만의 방식으로 해석하는 과정이 필요하다. 예를 들어, 역사 공부를 할 때 연도를 외우는 것이 아니라, 사건의 흐름을 이야기처럼 정리해보는 것이 훨씬 효과적이다. 이렇게 하면 머릿속에서 정보가 자연스럽게 연결된다.

3. 바로 답을 찾으려 하지 말고, 생각하는 시간을 가져라

학생들은 종종 문제를 풀 때 정답을 빨리 찾으려 한다. 하지만 학습은 '끙끙대는 과정'이 필수적이다. 정답을 빨리 찾으려 하기보다, "이 문제를 어떻게 접근할까?"라고 고민하는 시간이 필요하다. 답을 찾는 과정에서 깊이 있는 사고력이 길러진다.

4. 반복적으로 노출시키며 익혀라

스피닝 강사가 강조했던 '눈을 감고 동작을 익히는 것'처럼, 공부도 단순히 한 번 보고 끝나는 것이 아니라 반복적인 노출이 필요하다. 배운 내용을 수업 시간에만 접하는 것이 아니라, 스스로 복습하고 활용해야 한다. 시험 전에 벼락치기로 외우는 것이 아니라, 여러 번 반복하면서 자연스럽게 익히는 것이 중요하다.

결론: 암기는 저절로 되는 것이 아니다

나는 이 원칙을 학생들에게 전하고 싶다. 암기는 저절로 되는 것이 아니다. 직접 해보고, 자기 식대로 끼워 맞추며 스스로의 방식으로 체화해야 한다. 공부는 단순한 반복이 아니라, 고민하고 생각하고 연결하는 과정이다. 그렇게 할 때, 비로소 배운 것이 내 것이 되고, 진짜 실력이 쌓이는 것이다.

13

수능과학 잘 보는 법 :
공부의 본질을 이해해야 한다

이 지역의 학생들은 과학 점수가 유독 낮다. 이는 단순히 학생들의 노력 부족 때문만은 아니다. 학교에서의 수업 방식, 학원에서의 지도 방법, 그리고 학생들의 학습 태도까지 복합적으로 얽혀 있는 문제다. 특히 학생들은 인강을 듣고 문제를 푸는 것만으로 과학을 충분히 대비할 수 있다고 착각하는 경향이 있다. 하지만 과학을 공부하는 방식이 잘못되면, 아무리 많은 문제를 풀어도 성적은 오르지 않는다. 나는 수능에서 과학을 굉장히 잘 봤다. 그 이유는 단순히 많은 문제를 풀어서가 아니라, 과학을 공부하는 올바른 방법을 알고 있었기 때문이다. 과학은 절대 같은 유형의 문제가 반복될 수 없는 과목이다. 즉, 문제풀이 자체가 목표가 되어서는 안 된다. 오히려 문제를 통해 개념의 본질을 이해하는 것이 핵심이다.

1. 과학 점수가 낮은 이유

이 지역의 학생들이 과학 점수가 낮은 이유는 크게 세 가지로 볼 수 있다.

(1) 학교 수업의 한계

학교에서는 정해진 커리큘럼에 따라 과학을 가르친다. 하지만 현실적으로 모든 개념을 깊이 있게 설명하는 것은 어렵다. 결국 학생들은 교과서의 내용을 단순 암기하는 식으로 학습하고, 시험이 끝나면 내용을 쉽게 잊어버린다.

(2) 학원의 문제풀이 위주 교육

학원에서도 마찬가지다. 학생들이 원하는 것이 '빠르게 점수 올리기'이다 보니, 많은 학원이 문제풀이 위주의 교육을 한다. 하지만 과학은 특정 문제 유형을 외운다고 해결되는 과목이 아니다. 출제자들은 매년 새로운 유형의 문제를 만들어내고, 단순 암기식 공부로는 절대 대응할 수 없다.

(3) 학생들의 착각: 문제를 많이 풀면 과학을 잘할 수 있다?

많은 학생들이 "문제를 많이 풀면 실력이 는다"고 생각한다. 하지만 과학은 그런 방식으로 접근하면 안 된다. 문제를 푸는 것이 목표가 아니라, 문제를 통해 개념을 완벽히 이해하는 것이 목표가 되어야 한다.

2. 과학 공부의 올바른 방법

과학을 제대로 공부하기 위해서는 몇 가지 핵심 원칙을 지켜야 한다.

(1) 개념의 본질을 깊이 이해하라

과학 문제를 풀 때 가장 중요한 것은 개념의 본질을 이해하는 것이다. 예를 들어, 역학 문제를 풀 때 단순히 공식을 외우고 적용하는 것이 아니라, 그 공식이 왜 나왔는지, 어떤 상황에서 어떻게 활용되는지를 이해해야 한다.

(2) 문제를 풀기 전에 개념을 정리하라

많은 학생들이 문제를 먼저 푸는 실수를 저지른다. 하지만 제대로 된 학습법은 문제풀이가 아니라 개념 정리부터 시작해야 한다. 문제를 푸는 것은 개념을 적용하는 연습이지, 개념을 배우는 과정이 아니다.

(3) 문제풀이보다는 문제 분석을 하라

같은 문제를 여러 번 푸는 것이 중요한 것이 아니다. 한 문제를 풀더라도, 그 문제를 통해 개념을 얼마나 확장할 수 있는지가 중요하다. 다음과 같은 질문을 던져야 한다.

- 이 문제에서 적용된 개념은 무엇인가?
- 같은 개념을 이용해 다른 유형의 문제를 만들 수 있을까?
- 개념을 바꿨을 때 문제의 정답은 어떻게 달라질까?

이러한 방식으로 문제를 분석하는 습관이 중요하다. 문제를 풀고 나면 반드시 다시 들여다보면서 개념을 정리하는 시간을 가져야 한다.

(4) 다양한 시각에서 접근하라

과학은 단순한 암기 과목이 아니다. 한 개념을 다양한 시각에서 바라보는 연습이 필요하다. 예를 들어, 화학에서 몰 개념을 공부할 때, 이를 부피, 질량, 입자 개수의 관점에서 각각 해석해보는 것이 중요하다. 한 가지 개념을 여러 방식으로 이해하면, 응용 문제가 출제되더라도 당황하지 않고 해결할 수 있다.

3. 수능 과학에서 살아남는 법

수능 과학은 단순 문제풀이로는 절대 대비할 수 없다. 매년 새로운 유형의 문제가 등장하기 때문에, 개념을 정확히 이해하고 있어야 한다. 특히 문제를 풀 때 출제자의 의도를 파악하는 훈련이 필요하다.

(1) 문제의 출제 의도를 파악하라

출제자는 단순한 개념을 묻는 것이 아니라, 개념을 어떻게 활용할 수 있는지를 묻는다. 따라서 문제를 풀 때 다음과 같은 질문을 스스로 던져야 한다.

- 이 문제를 통해 출제자가 묻고 싶은 개념은 무엇인가?
- 어떤 사고 과정을 거쳐야 답을 도출할 수 있는가?
- 문제 속에서 변형될 수 있는 요소는 무엇인가?

(2) 단순 암기가 아닌 응용력을 키워라

수능에서 특정 문제집의 문제가 그대로 출제될 가능성은 없다. 따라서 특정 문제 유형을 외우는 것이 아니라, 개념을 다양한 문제 상황에 적용하는 연습이 필요하다. 공부를 할 때 항상 '왜?'라는 질문을 던지는 습관을 가져야 한다.

(3) 문제풀이와 개념 정리를 균형 있게 하라

문제를 많이 푸는 것만으로는 성적이 오르지 않는다. 중요한 것은 문제를 푼 뒤 반드시 개념을 정리하는 과정이 필요하다는 것이다.

- 문제를 풀기 전: 개념을 먼저 정리하고, 개념 간의 연결 관계를 생각한다.
- 문제를 푼 후: 정답을 맞추는 데 집중하는 것이 아니라, 문제를 통해 배울 수 있는 개념을 정리한다.

이런 방식으로 학습해야, 새로운 유형의 문제가 출제되더라도 당황하지 않고 해결할 수 있다.

4. 공부의 본질을 알고 공부하자

많은 학생들이 문제풀이 중심의 학습을 하면서도 성적이 오르지 않는 이유는, 공부의 본질을 놓치고 있기 때문이다. 문제를 푸는 것이 중요한 것이 아니라, 문제를 통해 개념을 완벽하게 이해하는 것이 중요하다. "문제를 푸는 것이 공부가 아니다. 문제를 통해 개념을 이해하는 것이 공부다." 이제는 무작정 문제만 풀지 말고, 과학 공부의 본질을 이해하며 공부하자. 그러면 진짜 실력이 쌓이고, 수능에서도 원하는 성적을 얻을 수 있을 것이다.

Part 2.

학생들에게
하고 싶은 말

1

시험만 보면 무너지는 아이, 도대체 왜 그럴까?

학원을 운영하며 가장 이해하기 어려운 학생이 있다. 평소 교재를 풀 때는 빠르고 정확하게 문제를 해결하지만, 시험만 보면 성적이 기대만큼 나오지 않는 학생이다. 분명 실력은 충분한데, 시험지 앞에서는 그 실력이 전부 사라진다. 이런 학생이 우리 주변에 의외로 많다. 왜 이런 현상이 나타나는 걸까? 이 학생들의 사례를 오랜 기간 분석하며 나는 크게 세 가지 이유를 발견했다.

첫째, 연습장과 시험장의 '환경 차이'가 문제다.
학생들이 교재를 풀 때는 시간이 충분하다. 편안한 환경에서 차분하게 생각하고 풀기 때문에 작은 실수도 거의 하지 않는다. 그러나 시험은 완전히 다르다.

- 시간 압박이 존재한다.
- 심리적 긴장감이 높아진다.
- 주변 친구들이 문제를 넘기는 소리, 감독관의 발소리조차 긴장을 유발한다.

이 작은 차이가 결정적이다. 시험장에서는 평소의 차분함이 아니라 제한된 시간 내에 문제를 처리하는 속도와 긴장감 관리 능력이 중요하다. 결국, 시간 관리와 심리적 안정감을 다루는 능력이 절대적인 변수가 된다.

둘째, 문제풀이가 머릿속에 완벽히 '자동화'되지 않은 것이다.

이 학생들의 두 번째 문제는 문제 풀이의 자동화 부족이다. 평소에 문제를 풀 때는 시간을 충분히 갖고 생각하면서 풀기 때문에, 스스로 '실력이 있다'고 착각한다. 하지만 시험에서는 문제가 빠르게 인식되고 즉각적으로 해결되어야 한다. 예를 들어 수학 문제를 풀 때 평소에는 공식을 떠올리고 개념을 천천히 적용하면 되지만, 시험에서는 그런 과정을 아주 빠르게 처리해야 한다. 이 과정이 몸에 완전히 익지 않은 학생들은 시험장에서 늘 시간 부족을 경험한다. 즉, 시험에서는 실력을 '알고 있는 것'이 아니라 '훈련된 반응'으로 즉각 쓸 수 있는지가 중요하다.

셋째, 시험은 단순히 문제를 푸는 게 아니라 '사고력'을 요구한다.

많은 학생들이 학교 시험을 만만하게 생각한다. "개념만 확실히 알면 점수는 당연히 나온다"고 생각한다. 하지만 현실은 다르다. 학교 시험에서는 변형된 문제, 여러 개념이 결합된 복합문제, 지문에서 힌트를 찾아내는 능력을 요구하는 문제가 출제된다. 평소 문제풀이를 통해 특정 패턴만 외운 학생들은 이런 문제를 만나면 즉시 막힌다. 기존의 틀 안에서는 쉽게 문제를 풀지만, 조금만 응용이 들어가면 바로 실력이 드러나는 것이다. 결국, 시험에서는 암기된 패턴이 아니라 응용과 사고력을 평가받게 된다. 그렇다면, 어떻게 이 문제를 해결할 수 있을까?

첫 번째 해결책은 실전 연습이다.
- 시험과 똑같은 환경에서 반복적으로 문제를 풀어보는 연습이 필요하다.
- 실제 시험과 동일한 시간 안에 문제를 해결하는 습관을 길러야 한다.
- 이렇게 하면 시험장에서의 긴장감을 극복하고, 실제 실력을 발휘할 수 있게 된다.

두 번째 해결책은 문제 풀이의 자동화이다.
- 평소 문제 풀이를 천천히 하는 것으로 만족하지 말고, 여러 번 반복해 빠르게 풀이가 나올 수 있도록 훈련해야 한다.
- 어떤 문제든 즉각적으로 접근할 수 있는 '패턴화된 사고'를 머리에 장착해야 한다.

마지막 해결책은 응용력을 키우는 사고력 훈련이다.
- 평소에 문제를 풀 때도 단순 풀이가 아니라 "왜?", "어떻게?"라는 질문을 스스로 던지며 다양한 방식으로 접근해야 한다.
- 변형 문제, 응용 문제를 접하고 스스로 답을 찾아가는 연습을 해야 한다.

시험과 문제풀이 사이의 '틈'을 메우는 것이 진짜 실력이다. 다시 강조한다. 너의 진짜 실력은 교재에서 나타나는 게 아니다. 시험장에서 나타나는 것이 너의 진짜 실력이다. 교재 풀이에서는 문제가 없는데 시험만 보면 점수가 떨어진다면, 너의 공부법은 심각하게 잘못된 것이다. 시험장에서 흔들리지 않고 온전히 실력을 발휘할 수 있는 능력이 진짜 실력이다. 지금부터라도 '가짜 실력'에 속지 말고, 진짜 시험 환경에서, 진짜 응용력과 사고력을 키우는 공부를 시작해라. 교재만 잘 푸는 학생은 결코 좋은 대학, 원하는 결과를 얻을 수 없다. 지금 당장 시험을 위한 진짜 공부를 시작해야 한다.

결론: 시험장에서 실력을 발휘하지 못하면, 그것은 실력이 아니다

너의 공부가 진짜라는 것을 증명하는 방법은 오직 시험장에서의 결과뿐이다.

- 평소에는 잘했는데, 시험에서 못했다?
  → 그것은 너의 실력이 부족하다는 명백한 증거다.

- 평소와 시험 사이의 차이가 크다?
  → 너의 공부법이 틀렸다는 확실한 증거다.

시험에서 실력의 100%를 발휘하지 못한다면, 너는 지금 즉시 공부법을 바꿔야 한다.

2

'사탐런'을 바라보며

최근 들어 이과를 선택했다가 입시에서 불리하다는 이유로 사탐으로 갈아타는, 이른바 '사탐런' 현상이 많아지고 있다. 성적을 조금이라도 더 잘 받을 수 있는 길을 선택하는 것이 학생들에게는 현실적인 전략일 수도 있다. 하지만 이것이 과연 바람직한 방향인가? 수학이 어렵다고 해서, 혹은 경쟁이 심하다고 해서 이과를 포기하고 사탐으로 전향하는 것은 결국 단기적인 편리함을 추구하는 선택일 뿐이다. 대학 이후, 그리고 사회에 나가서도 수학적 사고력과 논리적 문제 해결 능력은 필수적인 역량이다. 단순히 '시험에서 점수를 잘 받을 수 있는 길'만을 선택하는 것이 아니라, 장기적으로 자신에게 필요한 능력이 무엇인지 고민하는 태도가 필요하다. 나는 학생들이 단순히 손쉬운 길을 선택하기보다, 어려움을 극복하면서 성장하는 경험을 하길 바란다. 입시에서 유리한 선택을 하는 것도 중요하지만, 더 중요한 것은 그 과정에서 배우는 태도와 사고방식이다. 사탐런이 단순한 '전략적 선택'이 아닌, '도피성 선택'이 되지 않도록 학생들에게 더 깊은 고민을 하게 하는 것이 우리의 역할이 아닐까?

나는 학생들에게 점수만을 주는 학원이 아니라, 방향을 제시하는 학원이 되고 싶다. 대학이라는 문을 통과하는 것만이 목표가 아니라, 그 문을 통과한 후의 길을 스스로 찾을 수 있도록.

그것이 내가 생각하는 학원의 진짜 목적이다.

3

학생에게 보내는 편지

OO!!

요즘 많이 피곤해 보이더라. 수업 시간에 깨려고 노력하는 모습은 보이지만, 가끔 눈꺼풀이 무거워지는 게 느껴져. 공부에서 가장 중요한 건 스스로의 의지야. 단순히 학원을 다니는 것만으로 안심하기보다는, 진짜 성장으로 이어지는 학습을 해야 해.

그런데, 지난주부터 수학 학습에 굉장히 의욕적이라고 들었어. 문제를 풀 때 사고하는 과정이 보인다는 건, 네가 단순히 답을 찾는 게 아니라 깊이 고민하고 있다는 증거야. 이 과정이 쌓이면 분명 더 큰 성장을 이룰 수 있을 거야.

다른 과목에서도 이런 태도를 보이면 정말 좋을 것 같아.

공부는 루틴을 따르는 것만으로 완성되지 않아. 익숙한 방식만 반복하는 건 학습이 아니라 습관일 뿐이야. 내가 무엇을 알고 있고, 무엇이 부족한지를 끊임없이 점검하며, 공부법을 유연하게 바꿔갈 때 진짜 배움이 시작되는 거야. 학원을 다닌다는 형식적인 만족감이 아니라, 스스로 '배우고 있다'는 확신을 가질 수 있도록 공부했으면 좋겠어.

OO아, 나는 네가 충분히 해낼 수 있다고 믿어. 네가 더 나아질 수 있도록 계속 응원할게!

4

슬럼프, 공부의 가장 큰 적

공부를 할 때 가장 큰 적은 무엇일까? 많은 학생들이 집중력 부족이나 체력 문제를 꼽지만, 진짜 위험한 것은 '슬럼프'다. 슬럼프에 빠지면 모든 것이 멈춘 것처럼 느껴지고, 자신감이 흔들리며, 심지어는 공부 자체를 포기하고 싶어지기도 한다. 하지만 슬럼프는 피해야 할 대상이 아니라, 오히려 잘했다는 증거다. 슬럼프에 빠졌다는 것은 그동안 내가 열심히 공부해 왔다는 뜻이다. 꾸준히 노력해온 과정이 있었기 때문에 지금 지쳤고, 성장이 잠시 멈춘 것처럼 보일 뿐이다. 그렇다면 슬럼프를 대하는 올바른 태도는 단순한 좌절이 아니라, '내가 이만큼 해왔구나'라는 인정에서 시작해야 한다. 기록하라, 그리고 분석하라. 많은 학생들이 슬럼프에 빠질 때, '내가 요즘 왜 이럴까?'라고 막연하게 고민한다. 하지만 문제를 해결하려면 먼저 상황을 정확히 파악해야 한다. 만약 공부 시간을 기록하지 않았다면, 지금부터라도 기록하는 습관을 들여야 한다.

- 오늘 무엇을 공부했는가?
- 몇 시간 동안 공부했는가?
- 집중도는 어땠는가?

이 세 가지를 기록하는 것만으로도 현재의 학습 패턴을 객관적으로 분석할 수 있다. 단순히 '오늘 공부가 잘 안 됐다'는 감정적인 평가에서 벗어나, '어떤 과목에서 집중력이 떨어졌는가?', '어느 시간대에 가장 효율적으로 공부했는가?' 같은 구체적인 데이터를 기반으로 문제를 해결할 수 있다. 변화가 필요하다. 슬럼프에 빠졌다면 반드시 행동의 변화가 있어야 한다. 지금까지 해온 방식 그대로 반복하면서 '슬럼프가 지나가길 기다리자'는 태도로는 해결할 수 없다. 변화는 작은 것부터 시작해도 좋다.

- 공부 장소를 바꿔보라. 같은 공간에서 매일 공부하면 집중력이 저하될 수 있다.
- 공부 시간을 조정해보라. 아침형인지, 밤형인지 스스로의 학습 스타일을 분석하라.
- 공부 방식을 바꿔보라. 평소 문제풀이 위주였다면 개념 정리를 해보고, 혼자 공부했다면 스터디 그룹을 활용해보라.

고등학생이라면 더욱 철저한 자기 관리가 필요하다. 고등학생에게 슬럼프는 더욱 치명적이다. 학생 때야 성적이 잠시 흔들려도 충분히 만회할 시간이 있지만, 고등학교에서는 내신과 모의고사 성적이 곧 대학 입시와 직결된다. 따라서 단순히 '의욕이 안 난다'는 이유로 시간을 허비해서는 안 된다. 슬럼프가 찾아오면 바로 원인을 파악하고, 신속하게 해결책을 적용해야 한다.

1. 루틴을 지켜라 - 슬럼프에 빠졌다고 해서 공부 리듬을 완전히 무너뜨리면 복구하는 데 더 오랜 시간이 걸린다. 기존의 루틴을 유지하되, 조금씩 변화를 주어 신선함을 느낄 수 있도록 해야 한다.

2. 목표를 세분화하라 - '이번 시험에서 1등급 맞기' 같은 거대한 목표보다는 '오늘 영어 단어 50개 암기하기', '수학 문제 10문제 풀기'처럼 작은 목표를 설정하면 부담이 줄어든다.

3. 멘탈 관리를 신경 써라 - 슬럼프가 오면 자신을 비난하기보다는 '이것도 과정의 일부다'라고 생각하는 것이 중요하다. 때로는 가벼운 운동이나 산책을 통해 머리를 식히는 것도 도움이 된다.

4. 스터디 플래너를 활용하라 - 공부 일지를 작성하고 피드백을 남기면, 자신의 학습 패턴을 좀 더 체계적으로 관리할 수 있다.

슬럼프는 분석하고 극복하는 과정이다. 마음가짐만 바꾼다고 해서 슬럼프가 극복되지 않는다. '잘해야 한다'는 다짐만으로는 변화가 일어나지 않는다. 핵심은 원인을 파악하고, 그에 맞는 실질적인 변화를 만들어내는 것이다. 공부는 단순한 반복이 아니라, 끊임없는 개선과 조정의 과정이다. 슬럼프를 두려워하지 말고, 그것을 성장의 기회로 삼아라. 지금까지 해온 것보다 한 단계 더 발전할 수 있는 순간이 바로 슬럼프를 극복하는 순간이다.

5

공부의 효율을 높이는 법

공부를 하던 중 같은 페이지를 맴돌거나, 전혀 머릿속에 남지 않고 그저 활자 위를 스쳐 지나간 것 같은 경험을 대부분 해보았을 것이다. 이는 집중력이 부족해서가 아니라, 학습 방식의 균형이 맞지 않기 때문이다. 특히, 단순히 읽고 이해하는 것만으로는 학습의 효과가 극대화되지 않는다. 종종 도무지 공부가 되지 않다가 문제풀이에 들어가서야 정신을 차리고, 집중이 되는 경험을 해본 적이 있을 것이다. 이는 학습 과정에서 입력과 출력의 균형이 중요하다는 것을 의미한다. 단순히 개념을 익히는 것만으로는 부족하고, 배운 것을 활용하는 과정이 반드시 병행되어야 한다.

기록하고 피드백하라

학습이 제대로 이루어지고 있는지 확인하는 가장 좋은 방법은 기록하는 것이다. 단순히 '공부를 했다'는 느낌만 가지고 있어서는 진짜 학습이 이루어졌는지 확인할 수 없다. 매일 공부 후 다음과 같은 질문을 스스로에게 던져보자.

- 오늘 무엇을 공부했는가?
- 몇 시간 동안 공부했는가?
- 집중도는 어땠는가?

이러한 기록을 습관화하면, 학습 패턴을 분석하고 비효율적인 부분을 개선할 수 있다. 기록한 내용을 바탕으로 어떤 학습 방식이 가장 효과적인지 스스로 피드백하는 과정이 필요하다.

학습 방식의 균형을 맞춰라

공부는 크게 입력(배우는 과정)과 출력(활용하는 과정)으로 나눌 수 있다.

- 입력: 개념을 읽고 이해하는 과정 (교과서 읽기, 강의 듣기, 필기 정리 등)
- 출력: 배운 내용을 직접 활용하는 과정 (문제풀이, 개념을 설명하기, 요약 정리 등)

많은 학생들이 입력에만 집중하고 출력을 소홀히 하는데, 이는 학습 효율을 떨어뜨리는 원인이 된다. 공부를 했는데 기억에 남지 않는다면, 학습 과정에서 출력을 충분히 하지 않았기 때문일 가능성이 크다. 출력 과정에서는 목표가 단순해지고, 즉각적인 피드백을 받을 수 있으며, 성취감을 느낄 수 있다. 따라서 학습 계획을 세울 때 반드시 배운 내용을 활용하는 시간을 포함해야 한다.

효율적인 학습 전략

1. 공부 장소를 다양화하라 - 같은 장소에서 계속 공부하면 집중력이 떨

어질 수 있다. 도서관, 카페, 스터디룸 등 다양한 환경에서 공부하는 것이 도움이 된다.

2. 학습 루틴을 점검하라 - 특정 시간대에 집중력이 더 높은지 파악하고, 최적의 학습 시간을 찾아보라.

3. 공부 방식을 조합하라 - 단순히 읽는 것만이 아니라, 문제를 풀고, 친구에게 설명해보고, 글로 요약하는 등 다양한 방식을 활용하라.

4. 소규모 목표를 설정하라 - '수학 10문제 풀기', '영어 단어 30개 외우기'처럼 작고 명확한 목표를 세우면 학습의 성취감이 커진다.

5. 스터디 플래너를 활용하라 - 매일의 학습 내용을 기록하고 주기적으로 피드백을 주면, 더욱 체계적인 학습이 가능해진다.

공부를 할 때 가장 중요한 것은 자신의 학습 패턴을 이해하고, 최적의 방법을 찾아가는 과정이다. 단순히 더 많은 시간을 들이는 것이 아니라, 효율적으로 공부하는 방법을 찾는 것이 장기적으로 더 큰 차이를 만든다. 학습의 균형을 맞추고, 지속적인 피드백을 통해 자신의 공부법을 최적화하는 것이 핵심이다.

6

성장의 신호, 진짜 공부를 시작하는 순간

공부를 하다 보면 어느 순간부터 성적 이상의 것이 느껴질 때가 있다. 단순히 개념을 아는 수준을 넘어, 스스로 공부해야겠다는 강한 동기가 생기는 순간이 온다. 이러한 순간이 바로 학생이 진정한 공부의 의미를 깨닫기 시작하는 때다. '공부의 트리거가 작동하는 순간' 어떤 학생은 토요일 오전 12시까지 학원에서 수업을 듣고, 오후 4시에 테스트를 치르기로 했다. 그리고 테스트 직전 이렇게 말했다. "선생님, 정말 1분 1초도 안 쉬고 공부했어요." 그리고 당연히 좋은 성적을 거두었다. 또 다른 학생은 시험 전날, 늦은 새벽까지 공부하며 자신 있게 말했다. "선생님, 저 어제 새벽 2시까지 안 자고 공부했어요. 자신 있어요!" 역시 좋은 결과를 얻었다. 또 한 학생은 문제집을 풀다가 밤 9시가 되자, 새로운 문제집이 필요하다는 생각에 곧장 서점으로 달려갔다. 이런 모습들은 단순한 공부량의 문제가 아니다. 이들은 공부를 해야 하는 것이 아니라, 하고 싶은 것으로 받아들이는 단계로 넘어간 것이다. 스스로 선택한 학습 경험이 성공적인 결과로 이어질 때, 학습 자체에 대한 몰입도가 높아진다. 좋은 학습 패턴은 중학교에서 시작된다. 좋은 학습 패턴을 가진 학생들은 중학교 시절부터 이러한 자발적 학습 경험을 한다. 그리고 고등학교에서는 단순한 문제풀이를 넘어, 공부의 본질을 이해하는 능력을 기르게 된다.

중학교 시기 - 공부의 재미를 경험하는 단계
- 처음으로 공부를 통해 성취감을 느낀다.
- 특정 과목이나 문제풀이에 흥미를 갖기 시작한다.
- "공부를 하면 할수록 더 잘할 수 있다"는 신념이 생기는 시기다.

고등학교 시기 - 공부의 구조를 이해하는 단계
- 단순한 공부량이 아니라, 공부의 방향성과 전략을 고민하기 시작한다.
- 단기적인 성적 상승이 아니라, 장기적인 학습 효율과 개념 간의 연결성을 인식하기 시작한다.
- 예를 들어, 국어 비문학에서 철학 개념을 접한 학생이 이를 윤리 과목과 연결 짓거나, 수학에서 배운 함수 개념을 경제학과 연관 지어 학습하는 방식이다.

이 단계에 도달하면 학습의 주체가 완전히 학생 본인이 된다. 이는 단순한 성적 상승을 넘어, 진정한 학습자로 성장하는 과정이다.

교육의 궁극적인 목표
교육의 궁극적인 목표는 학생이 스스로 공부할 수 있는 상태에 도달하는 것이다.

- 중학교에서는 공부하는 즐거움을 경험하고,
- 고등학교에서는 공부의 본질과 연결성을 이해하는 것.

이 두 가지가 충족된다면, 우리는 교육의 본질을 실현한 것이다. 지아이학원의 목표는 단순한 성적 향상을 넘어, 학생들이 이러한 학습의 본질을 깨닫는 환경을 조성하는 것이다. 학생들이 자신의 학습 계기를 발견하고, 주체적으로 공부할 수 있도록 돕는 것이 우리의 역할이다.

7
공부란 고통을 견디는 것이다

　서울대 경영대 학생이 어느 인터뷰에서 말하는 말이 나의 공감을 이끌었다. 인강을 듣고 끄덕끄덕하는 것은 공부가 아니라고. 진짜 공부는 고통스럽다. 근력도 상처를 통해 성장하는 것처럼, 학습도 머리를 쥐어뜯고 괴로워하는 과정 속에서 강해진다. 한 문제를 놓고 몇 시간, 심지어 며칠을 고민하는 것. 그것이 공부다.
　그런데 우리는 왜 고통스러우면 도망가려 하는가?

공부는 편하면 안 된다
　사람들은 쉽게 이해되는 것을 선호한다. 인강을 듣고 끄덕이는 것은 마치 뭔가를 배운 것처럼 느껴지게 만든다. 그러나 그것은 학습이 아니라 소비다. 마치 영화를 감상하듯 정보를 받아들이는 것에 불과하다. 진짜 공부는 고통스럽다. 한 문제를 붙잡고 끙끙거리고, 이해되지 않는 개념을 되새기고 또 되새기는 것. 이 과정이 없으면 학습적 성장은 일어나지 않는다. 공부가 편하게 느껴지는 순간이 온다면, 자신에게 질문해야 한다. "나는 정말 이해하고 있는가?" 혹은 "그냥 알고 있는 것 같은 착각 속에 있는 것은 아닌가?" 진짜 학습은 편안한 상태에서 이루어지지 않는다. 자신의 한계를 넘어서려고 할 때, 머릿속에서 저항이 생기고, 답답함이 느껴진다. 그 순간이 바로 성장하는 과정이다.

문제 하나에 집착하라

한 문제를 5분 만에 풀고 넘어가는 것은 쉬운 일이다. 하지만 그것은 그냥 문제풀이일 뿐이다. 공부를 잘하는 사람들은 한 문제를 붙잡고 몇 시간, 길게는 며칠을 고민한다. 왜 이렇게 풀어야 하는지, 다른 방법은 없는지, 완전히 내 것이 될 때까지 탐구한다. 그래야 다음에 같은 개념을 마주했을 때, 진짜로 이해한 상태에서 접근할 수 있다. 특히, 어려운 개념이 나오면 그저 해설을 보고 지나가는 것이 아니라, 자기 나름대로 분석하고 정리해봐야 한다. 스스로 고민하고 답을 찾아가는 과정 속에서 비로소 깊은 이해가 이루어진다. 문제 하나를 붙잡고 끈질기게 고민하는 습관은 단순한 문제풀이 능력을 넘어, 문제 해결력과 논리적 사고력을 기르는 가장 강력한 방법이다.

공부가 힘들지 않다면, 제대로 하고 있는 것이 아니다

편한 공부는 성장하지 않는다. 조금만 어려워도 피하려는 습관이 들면, 절대 실력이 늘지 않는다. 머리가 지끈거리고, 답이 보이지 않아도 버텨야 한다. 그 순간이 오히려 학습이 이루어지는 가장 중요한 시점이다. 운동도 마찬가지다. 근육이 찢어져야 강해진다. 공부도 머릿속에서 저항이 일어나고, 끙끙대는 과정이 없으면 결코 깊어질 수 없다. 그러니 지금 고통스럽다면, 도망치지 말고 계속 밀어붙여라. 그것이 공부를 잘하는 사람과 그렇지 않은 사람의 차이다. 스스로 한계를 뛰어넘어야 한다. 모든 학습 과정이 마찬가지다. 처음에는 어렵고 힘들지만, 시간이 지나면 그 개념이 명확해지고, 익숙해진다. 그 과정을 통해 실력이 만들어진다. 우리는 너무 쉽게 답을 찾아가려는 경향이 있다. 하지만 중요한 것은, 답을 찾는 것이 아니라 답을 만들어가는 과정이다.

공부를 잘하고 싶은가? 그러면 고통을 견뎌라.

공부가 쉬워 보인다면, 그것은 공부가 아니다. 그저 흘려보내는 시간일 뿐이다. 어려워서 머리를 쥐어뜯고, 답이 보이지 않아 괴로워하는 순간이야말로 진짜 학습이 이루어지는 순간이다. 도망가지 마라. 이 과정 없이는 실력이 쌓이지 않는다. 끝까지 붙잡고 고민하라. 그때야 비로소 당신은 공부를 제대로 하고 있는 것이다. 시험에서 좋은 성적을 받기 위해서는 단순히 문제를 많이 푸는 것이 아니라, 각 개념을 확실히 이해하고 연결하는 능력이 필요하다. 그러려면 스스로 고민하고, 의심하고, 답을 찾으려는 노력이 필수적이다. 고통스럽지 않은 공부는 성장하지 않는다. 공부가 힘들 때마다 이렇게 생각하자. 지금 이 순간이 바로 내가 한 단계 성장하는 과정이라고.

8

학원에서의 학습이
학교 생활과 시너지를 내는 방법

공부를 잘하고 싶은 마음은 누구나 같다. 학생들도, 학부모님들도, 그리고 학원 선생님인 나 역시 마찬가지다. 하지만 공부를 '잘' 하는 것은 단순히 많은 시간을 투자한다고 되는 것이 아니다. 학습의 효과를 극대화하기 위해서는 학원에서의 학습과 학교 생활이 자연스럽게 연결될 필요가 있다. 많은 학생들이 학교에서 배운 것과 학원에서 배운 것을 마치 다른 세계의 일처럼 생각한다. 학교에서는 학교대로 공부하고, 학원에서는 학원대로 학습한다. 두 환경에서 배운 지식과 경험이 하나의 큰 그림으로 이어지지 않으면, 학생들은 그저 시험을 위한 '따로따로 학습'에 그치게 된다.

학원과 학교의 학습을 연결하는 첫걸음

학원에서는 학생들이 학교 진도에 맞춰 학습할 수 있도록 수업을 구성한다. 예를 들어, 학교에서 삼각함수를 배우고 있다면 학원에서도 삼각함수의 다양한 활용 문제를 통해 실력을 다진다. 학교 수업에서 배운 개념을 학원에서 다시 한번 체화하면서, 학생들은 자연스럽게 복습과 응용을 동시에 할 수 있다. 어느 날 한 학생이 내게 물었다. "선생님, 학원에서 배운 내용을 학교에서도 활용할 수 있나요?" 그 학생은 학교에서 역사 시간에 조선 시대의 사회 구조를 배웠고, 학원에서는 이를 바탕으로 조선 시대의 경제 정책과 연결해 공부했다. 이 학생은 학교 시험에서 단순히 암기한 내용이 아니라, 학원에서 익힌 추가적인 정보와 연결해 답변할 수 있었다. 결과적으로 더 깊이 있는 사고를 할 수 있었고, 시험에서도 좋은 결과를 얻었다.

작은 성취가 큰 자신감으로

이런 경험을 하게 되면 학생들은 작은 성취감도 크게 느끼게 된다. 학교에서 문제를 풀 때 "아, 이건 학원에서 해봤던 거야!"라고 생각하며 자신감을 얻는다. 이러한 작은 자신감들이 모여 학생의 학습 태도를 긍정적으로 변화시킨다. 특히 발표 수업에서 이런 변화가 두드러진다. 학원에서 발표 스킬을 배운 학생이 학교 발표 수업에서 자연스럽게 활용하는 모습을 볼 때마다, 나는 학원에서의 학습이 단순히 지식 전달에 그치지 않고 실생활에서 실제로 활용되는 힘을 갖고 있다는 것을 느낀다. 한 학생은 학원에서 모의 발표를 여러 번 연습한 덕분에 학교에서도 발표를 자신 있게 할 수 있었다. 발표를 마친 후 그 학생이 "선생님, 학원에서 연습한 게 진짜 도움이 됐어요!"라며 웃을 때, 나는 그 학생의 성장을 진심으로 느낄 수 있었다.

학부모의 역할: 학습의 연결을 돕는 다리

학부모님들도 자녀의 학습을 돕기 위해 학원과 학교의 학습을 연결할 수 있다. 예를 들어, 자녀가 학교에서 배운 내용을 학원에서도 활용하고 있는지, 혹은 학원에서 배운 내용을 학교 숙제나 프로젝트에 응용할 수 있는지를 자연스럽게 물어보는 것이다. "오늘 학원에서 배운 게 학교에서도 나왔니?"라는 간단한 질문만으로도 자녀의 학습 연결을 도울 수 있다. 부모님의 이러한 관심은 학생이 학습을 단편적인 지식 습득이 아닌, 통합적이고 실질적인 학습 경험으로 받아들이게 만든다. 자녀가 학원에서 배운 내용이 학교에서도 활용될 때, 부모님도 자녀의 학습에 대해 더 깊이 이해할 수 있다. 예를 들어, 학교에서 배운 역사 지식을 학원에서의 토론 수업을 통해 더 깊이 있게 이해하게 되는 경우, 부모님은 자녀의 학습이 단순히 책 속에 머무르지 않고 현실과 연결되고 있음을 실감할 수 있다.

학습의 큰 그림을 보게 돕기

학생들이 학원에서의 학습을 학교 생활에서도 자연스럽게 사용하게 되면, 학습은 더 이상 힘든 과제가 아니라 재미있는 도전이 된다. 학원과 학교, 이 두 가지 환경이 조화롭게 연결될 때 학생들은 단순히 공부를 '잘' 하는 것을 넘어, 진정한 학습의 즐거움을 느끼게 된다. 그리고 그 즐거움이야말로 지속 가능한 학습의 가장 큰 원동력이다. 어떤 학생들은 학원과 학교를 마치 다른 세계처럼 여기며 두 환경을 분리하려고 한다. 하지만 진정한 학습은 두 세계를 하나로 이어 붙일 때 이루어진다. 학원에서 배운 수학 공식이 학교의 과학 실험에서도 사용될 수 있고, 학교에서 익힌 영어 표현이 학원에서의 에세이 작성에도 도움이 될 수 있다. 결국 학습의 큰 그림을 보는 것이 중요하다.

학부모님들도 자녀가 이러한 학습의 흐름을 놓치지 않도록 부드럽게 돕는 역할을 할 수 있다. "오늘 학교에서 배운 내용을 학원에서도 활용할 수 있을까?"라는 질문 하나만으로도, 자녀는 학습의 연결성을 자연스럽게 경험하게 된다.

결론: 학원과 학교의 학습을 하나로 연결하자

학원 생활과 학교 생활을 따로 생각하지 말자. 학습의 큰 그림을 보고, 그 속에서 배운 것들을 연결하며 진정한 학습의 시너지를 경험하자. 학원에서 배운 내용을 학교에서도 활용하고, 학교에서 배운 개념을 학원에서 확장해 학습할 때, 학생들은 학습의 즐거움과 성취감을 동시에 느낄 수 있다. 이제는 학원과 학교를 따로따로 생각하지 않는, '연결된 학습'을 통해 학생들이 더욱 성장할 수 있도록 도와야 한다. 학원에서의 학습이 학교 생활에 자연스럽게 이어질 때, 학생들은 학습의 참맛을 깨닫게 될 것이다.

9

모의고사나 시험을 활용해 '학습 회고'하는 법

시험이 끝나면 대부분의 학생들은 시험 결과에만 집중한다. "몇 점 나왔어?", "평균은 어떻게 돼?"와 같은 질문이 오간다. 하지만 진정으로 시험을 학습의 도구로 활용하려면 점수 이상의 것을 봐야 한다. 그것이 바로 '학습 회고(Reflection on Learning)'이다. 학습 회고란 단순히 시험 결과를 평가하는 것이 아니라, 시험 준비 과정과 실제 시험에서의 경험을 돌아보며 스스로의 학습 방법과 태도를 되짚어보는 과정이다. 이를 통해 학생들은 자신의 강점과 약점을 파악하고, 다음 학습을 위한 실질적인 교훈을 얻을 수 있다.

학습 회고의 중요성

학습 회고를 하지 않는다면 학생들은 같은 실수를 반복하게 된다. 예를 들어, 시험에서 자주 실수하는 문제 유형이 있는데도 이를 인식하지 못하면, 다음 시험에서도 동일한 오류를 범할 가능성이 높다. 반면, 학습 회고를 통해 실수를 분석하고 개선 방법을 찾으면, 학생들은 매 시험마다 성장할 수 있다. 한 학생의 예를 들어보겠다. 이 학생은 매번 시험에서 계산 실수를 반복했다. 단순히 "다음에는 조심해야지"라고만 생각했다면 문제를 해결하지 못했을 것이다. 그러나 학습 회고를 통해 어떤 상황에서 실수가 나오는지, 왜 실수를 했는지를 분석했다. 결과적으로 이 학생은 문제를 풀 때 메모를 활용해 계산 과정을 더 꼼꼼하게 기록하는 방법을 찾았고, 다음 시험에서는 실수를 크게 줄일 수 있었다.

학습 회고를 위한 구체적인 방법

1. 시험 후 바로 '시험 분석 노트' 작성하기

시험이 끝난 직후, 학생들이 느낀 점을 바로 기록하도록 한다. "어떤 문제가 어려웠는가?", "시험 중에 시간이 부족했는가?", "어떤 문제에서 당황했는가?" 같은 질문을 통해 스스로를 돌아볼 수 있도록 한다. 시험 분석 노트에는 단순히 틀린 문제 뿐만 아니라, 맞혔지만 불안했던 문제, 찍어서 맞힌 문제까지 포함해 작성하면 좋다. 이렇게 하면 학생들이 실제 실력을 정확히 파악할 수 있다.

2. 틀린 문제를 활용한 '오답노트' 만들기

오답노트는 단순히 틀린 문제의 정답을 적는 것이 아니다. 왜 틀렸는지, 어떤 생각으로 접근했는지를 함께 적어야 한다. 특히 "이 문제를 다시 푼다면 어떻게 접근할까?"라는 질문을 스스로에게 던지는 것이 좋다. 한 가지 팁은 오답노트를 만들 때 각 문제에 대해 '실수 유형'을 분류하는 것이다. 예를 들어, '개념 부족', '계산 실수', '문제 이해 오류' 등으로 나누어 기록하면, 학생은 자신이 반복하는 실수의 패턴을 쉽게 파악할 수 있다.

3. 시험을 통해 학습 목표를 재설정하기

학습 회고의 마지막 단계는 앞으로의 학습 목표를 설정하는 것이다. 이번 시험에서 발견된 약점을 보완할 수 있는 학습 계획을 세우는 것이다. 예를 들어, 영어 듣기 평가에서 점수가 낮았다면, 매일 10분씩 영어 듣기 훈련을 추가하는 식이다. 또는 수학에서 응용 문제가 어려웠다면, 일주일에 두 번은 응용 문제 풀이 시간을 갖는 계획을 세울 수 있다.

4. 학부모와의 학습 회고 대화법

학부모님들도 자녀의 학습 회고를 도울 수 있다. "시험 점수가 왜 이렇게 나왔니?" 대신, "이번 시험에서 어떤 문제가 어려웠니?", "다음에는 어떤 부분을 보완하고 싶니?"라고 물어보면, 자녀는 점수에 대한 부담감 없이 스스로를 돌아볼 수 있는 기회를 가지게 된다. 또한, 자녀가 자신의 실수를 스스로 인식하고 개선 방법을 찾을 수 있도록 부드럽게 대화를 이어가는 것이 좋다. "그럴 수 있지, 이번 경험을 통해 배운 점이 있다면 뭐니?"와 같은 질문은 자녀가 스스로의 학습을 성찰할 수 있는 기회를 제공한다.

학습 회고의 결과: 진짜 성장을 만드는 힘

학습 회고를 꾸준히 실천한 학생들은 단순히 점수를 올리는 것을 넘어, 학습의 본질을 이해하게 된다. 학습 회고는 학생들이 실수를 두려워하지 않고, 오히려 실수를 학습의 기회로 삼을 수 있도록 돕는다. 이는 단순히 학업 성적을 올리는 것을 넘어, 평생 학습자(Lifelong Learner)로 성장할 수 있는 밑거름이 된다. 결국, 학습 회고는 학생들이 시험을 '평가'의 도구가 아닌, '성장'의 기회로 받아들이게 만든다. 학생들이 시험을 치르고 난 후, "왜 틀렸을까?"를 넘어 "어떻게 하면 더 잘할 수 있을까?"를 생각하게 된다면, 그 학생은 이미 성장의 길 위에 있는 것이다.

10

'힐링'이라는 달콤한 덫,
학생들이 속고 있다.

나는 학원업을 천직이라고 생각한다. 단순히 학생들을 가르치는 일에 보람을 느껴서만은 아니다. 내가 진정으로 즐기는 것은 인간에 대한 고찰이다. 학생들이 성장해가는 모습을 지켜보면서 그들의 생각, 행동, 그리고 변화의 과정을 가까이서 관찰할 수 있다는 점이 참 매력적이다. 사람의 내면을 들여다보고, 그들이 가진 가능성을 발견하며 함께 걸어가는 이 과정이 나에게는 큰 행복이다. 그런데 최근 들어 학생들을 지도하면서, 그리고 사회 전반을 바라보면서 느끼는 점이 있다. 바로 '패배주의'가 우리 사회에 깊이 스며들어 있다는 것이다. 학생들뿐만 아니라 많은 사람들이 "나는 원래 못해", "머리가 안 좋으니까 어쩔 수 없어"라며 스스로를 단정 짓는 모습을 자주 본다. 이러한 태도는 자기 자신에게 기회를 주지 않는 것이다. 성장의 가능성을 애초에 차단해버리는 셈이다.

사회가 파는 '힐링'이라는 상품

특히 요즘 사회에서는 '힐링'이라는 단어가 지나치게 소비되고 있다. '힐링'은 원래 마음의 상처를 치유하고, 지친 심신을 회복하는 긍정적인 의미를 가진 단어다. 하지만 이제는 힐링이 모든 문제를 덮어주는 만능 해결책처럼 사용되고 있다. 마치 "괜찮아, 충분히 잘하고 있어"라는 말 한마디로 모든 노력을 대신할 수 있다는 착각을 불러일으킨다. 여기서 학생들이 가장 큰 착각에 빠진다. 진정한 힐링이란 스스로 노력하고 성장하며 얻는 성취감에서 나오는 것이어야 한다. 하지만 사회는 "지금 이대로도 괜찮아"라는 메시지를 반복적으로 던지며, 학생들에게 안일함을 선물한다. 이런 사회적 분위기 속에서 학생들은 진짜 문제를 직면하지 않고 회피하는 쪽을 선택하게 된다.

게으른 완벽주의라는 자기 합리화의 덫

최근에 '게으른 완벽주의'라는 말을 들었다. 이 표현을 처음 접했을 때, 한참을 생각하게 만들었다. 완벽주의자는 대개 자신의 목표에 대해 높은 기준을 가지고 끊임없이 노력하는 사람이다. 하지만 '게으른 완벽주의'라는 말은 모순적이다. 게으르면서 어떻게 완벽할 수 있단 말인가? 이는 결국 자기 합리화에 지나지 않는다. "지금은 준비가 안 돼서", "완벽하게 할 자신이 없으니까"라며 아예 시도조차 하지 않는 경우가 많다. 결국 이는 '노력하지 않아도 되는 이유'를 스스로 만들어내는 것이다. 그리고 이러한 자기 합리화의 덫에 빠지면 빠질수록, 스스로를 객관적으로 평가할 기회를 잃게 된다.

진정한 힐링은 자기 성찰에서 나온다

나는 학생들에게 "진짜 힐링은 노력을 통해 얻는 성취감에서 온다"고 말한다. 아무런 노력을 하지 않고, 자기 만족에만 머무르는 것은 오히려 자기 발전을 막는다. 학생들에게 필요한 것은 '위로'가 아니라 '도전'이다. 물론 위로가 필요할 때도 있다. 하지만 언제나 위로만 받고 싶어 한다면, 그 사람은 성장할 기회를 스스로 차단하고 있는 것이다. 학생들이 진정으로 스스로를 치유하고 싶다면, 먼저 "나는 진짜 노력하고 있는가?"라는 질문을 스스로에게 던져봐야 한다. 냉정하게 자신을 평가하고, 내가 할 수 있는 최선을 다했는지를 돌아보는 것이 필요하다. 그리고 나서 부족한 점을 채우기 위해 작은 목표를 세우고 이를 실천하는 과정에서 비로소 진정한 힐링을 경험할 수 있다.

학원이 제공해야 할 진짜 힐링

학원의 역할도 마찬가지다. 나는 지아이학원을 운영하면서 학생들이 단순히 '편안한 위로'만을 받지 않도록 노력하고 있다. 학생들이 도전할 수 있도록, 실패해도 다시 일어설 수 있는 용기를 가질 수 있도록 돕고 있다. 학생들이 성취를 통해 스스로를 치유하고, 노력의 결과를 통해 자신감을 얻을 수 있는 환경을 만들고 싶다. 학생들이 학원에서 "선생님, 저 진짜 열심히 했어요"라고 말할 때, 나는 그 말의 진정성을 본다. 진짜 열심히 했는지, 아니면 스스로를 속이고 있는지. 그리고 그 진심이 느껴질 때, 나는 그 학생을 진정으로 응원하고 싶은 마음이 든다. 학생들이 진짜 노력했을 때 얻는 성취감, 그것이야말로 진정한 힐링이라고 믿는다. 결국, 힐링을 판다는 사회적 분위기 속에서도 학생들이 자기 자신을 냉철하게 바라보고, 진정으로 노력할 수 있는 힘을 길러주는 것이 학원의 역할이라고 생각한다. 나는 학생들에게 진짜 힐링을 선물하고 싶다. 그것은 '괜찮다'는 말이 아니라, '할 수 있다'는 메시지를 통해 이루어질 수 있을 것이다.

11

공부의 양이 아니라, 방향이 중요하다

나는 한 학생을 무척 아꼈다. 내신 평점 1점 초반, 의대를 목표로 했던 성실한 학생이었다. 학습 집중력도 뛰어났고, 주어진 시간을 최대한 활용하려고 노력했다. 고3 때에는 학교에서도 자기 공부에만 몰두할 정도로 학습 시간을 많이 확보했고, 학습에 대한 의지가 남다른 학생이었다. 그러나, 최선을 다한 끝에 맞이한 수능 결과는 기대에 미치지 못했다. 결국, 그는 목표했던 대학의 최저 기준을 맞추지 못했다. 나는 이 상황에서 중요한 질문을 던져야 한다고 생각했다. '이 학생은 정말 공부를 못해서 실패한 걸까?' 많은 사람들은 단순히 노력 부족이나 운이 나빴다고 생각할 수도 있다. 하지만 나는 다르게 본다. 그 학생이 공부를 바라보는 관점 자체에 문제가 있었던 것은 아닐까? 학습 패턴을 바꾸면 결과가 달라질까? 수능 결과 이후, 그는 자신의 공부 방법에 문제가 있다고 판단했다. 당연한 판단이다. 하지만 그가 선택한 해결책은 다소 극단적이었다. 기숙학원에 들어가 새로운 환경에서 공부를 하기로 결정했지만, 얼마 지나지 않아 적응하지 못하고 나왔다. 그리고 다시 선택한 것이 '관리형 독서실'이었다.

그는 일주일에 순공부 시간만 70시간을 채우며 공부량을 극단적으로 늘려갔다. 하지만 여기서 한 가지 의문이 든다. 공부 시간을 늘리는 것이 문제의 해결책이 될 수 있을까?

학습의 본질을 바라보는 시각이 중요하다

많은 학생들이 학습에서 어려움을 겪을 때 가장 먼저 떠올리는 해결책이 '더 많이 공부하는 것'이다. 하지만 공부의 본질은 양이 아니라 방향에 있다. 물론 학습 시간을 확보하는 것은 중요하다. 그러나 공부의 질이 담보되지 않은 양적 증가만으로는 학습 효과가 크게 달라지지 않는다. 이 학생의 경우도 마찬가지다. 그는 고3 때도 이미 남들보다 훨씬 많은 시간을 학습에 투자하고 있었지만, 최종적으로 원하는 결과를 얻지 못했다. 그렇다면 단순히 공부 시간을 더 늘리는 것이 해답이 될까? 그보다 중요한 것은, 그 시간이 '어떤 방식으로' 사용되었는가이다. 공부의 핵심은 '전략'에 있다. 공부는 단순한 노동이 아니다. 문제를 풀고, 개념을 암기하는 시간을 무작정 늘린다고 해서 성적이 오르는 것이 아니다. 학습은 본질적으로 사고력과 문제 해결 능력을 키우는 과정이며, 이를 위해서는 전략적인 접근이 필요하다.

1. 무작정 시간을 늘리는 것이 아니라, '학습 효율'을 고민해야 한다

많은 학생들이 하루 10시간, 12시간씩 공부한다고 하지만, 그 시간 동안 '얼마나 집중했는가?'가 더 중요한 질문이다. 어떤 학생은 5시간 공부해도 높은 집중력을 유지하며 효율적으로 학습하는 반면, 어떤 학생은 12시간을 책상 앞에 앉아 있어도 비효율적인 방법으로 시간을 흘려보낸다. '양'이 아니라 '질'을 고민해야 한다.

2. 공부법을 근본적으로 점검해야 한다

고등학교 시절 내신 중심으로 학습해온 학생들은 종종 수능에서 어려움을 겪는다. 내신은 범위가 정해져 있고, 일정한 패턴이 있다. 하지만 수능은 본질적으로 사고력과 문제 해결 능력을 평가하는 시험이다. 단순 암기와 문제풀이만으로는 성적이 한계에 부딪힐 수밖에 없다. 이 학생이 실패한 이유도 '수능형 사고'를 충분히 훈련하지 않았기 때문일 가능성이 크다.

3. 방향을 제대로 잡아야 한다

많은 학생들이 공부를 하면서 '잘못된 방향'으로 가고 있다는 사실을 깨닫지 못한다. 예를 들어, 수능 대비가 필요한데 내신식 공부에 집착하거나, 개념보다는 문제풀이에만 집중하는 등의 문제가 있다. 공부의 방향을 점검하고, 필요한 유형의 사고력과 문제 해결 방식을 훈련하는 것이 우선되어야 한다.

4. 학습의 패러다임을 바꿔야 한다

이 학생은 자신이 실패한 이유를 '공부량이 부족해서'라고 판단했다. 하지만 그보다 더 중요한 문제는 '학습의 방향성이 올바르지 않았다'는 점이다. 결국, 그는 학습 패턴을 극단적으로 바꿨지만, 제대로 된 방향을 잡지 못한 채 다시 같은 실수를 반복하고 있을 가능성이 크다. 공부를 잘하는 학생들의 특징은 단순히 많이 공부하는 것이 아니라, 필요한 부분을 정확하게 학습하는 것이다. 본인의 약점을 분석하고, 올바른 학습 전략을 적용하는 것이 성적을 끌어올리는 핵심이다. 그렇지 않으면 같은 시간, 같은 노력을 들여도 성과가 나오지 않는 악순환이 반복될 뿐이다.

결론: 더 많이가 아니라, 더 제대로 공부해야 한다

이 학생의 사례를 보며 나는 다시금 확신했다. 공부는 단순히 시간을 늘린다고 해결되는 것이 아니다. 제대로 된 방향성을 잡고, 효율적으로 학습해야만 원하는 목표에 도달할 수 있다. 학생들에게 꼭 전하고 싶은 메시지가 있다. "공부를 더 많이 해야 한다는 강박에서 벗어나라. 중요한 것은 '얼마나 오래 했느냐'가 아니라 '얼마나 올바르게 했느냐'이다." 올바른 학습 전략을 세우고, 자신의 공부법을 주기적으로 점검하는 습관을 들여야 한다. 그래야만 '양'이 아닌 '질'로 승부할 수 있으며, 결국 원하는 목표에 도달할 수 있을 것이다.

12

황소고집과 자기애의 연관성

학생들을 지도하다 보면 성적 향상을 위해 필요한 것이 단순히 개념을 잘 설명하는 것이 아님을 깨닫게 된다. 성적이 오르는 것은 결국 학생 스스로가 만들어가는 과정이다. 그렇다면 교육 전문가로서 우리가 목표해야 할 것은 무엇일까? 단순히 '잘 가르치는 사람'이 아니라, 학생이 스스로 공부할 수 있도록 만드는 사람이 되어야 한다.

그러나 문제는 학생들이 기존의 학습 패턴을 바꾸기를 극도로 꺼린다는 점이다. 나는 이를 '황소고집'이라고 부른다. 인지적 유연성(cognitive flexibility)이 부족한 학생들은 기존의 방식이 효과적이지 않음에도 불구하고 변화를 거부한다. 이는 단순한 고집이 아니라, 자기애(ego)와 연결된 문제다. '나는 이렇게 해왔고, 나만의 방식이 있다'는 생각이 강하다 보니, 새로운 학습법을 받아들이는 대신 오히려 기존 방식에 집착하며 부정적인 태도로 빠지는 경우가 많다.

이 현상은 심리학적으로도 설명될 수 있다. 확증편향(confirmation

bias) 때문이다. 학생들은 본인이 익숙한 학습법이 틀렸다는 사실을 인정하는 것보다, 기존의 방식을 정당화할 근거를 찾으려 한다. 예를 들어, "나는 필기를 꼼꼼히 해야만 공부가 된다"는 생각을 가진 학생은, 필기를 줄이고 개념을 요약하며 문제 해결력을 기르는 학습법을 권유받아도 이를 받아들이지 않는다. 대신, '필기가 부족하면 성적이 떨어진다'는 근거를 찾으려 한다.

또한, 고정형 사고방식(fixed mindset)을 가진 학생들이 많다. "나는 원래 이과 과목이 약해", "나는 암기가 안 되는 사람이야" 같은 사고는 자기충족적 예언(self-fulfilling prophecy)이 되어 실제로 학습 능력을 제한한다. 결국 이런 학생들은 새로운 학습법을 시도하기보다 실패의 이유를 외부 환경이나 본인의 타고난 능력으로 돌리는 경향이 있다.

학습 패턴을 바꾸려면?

학생들이 이러한 인지적 장벽을 넘어설 수 있도록 도와주는 것이 교육 전문가의 역할이다. 단순히 "이렇게 공부해야 해"라고 지시하는 것이 아니라, 왜 기존의 방식이 효과적이지 않은지 납득시키는 과정이 필요하다. 이를 위해 다음과 같은 방법을 사용할 수 있다.

1. 메타인지(Metacognition) 훈련
- 자신의 학습 과정을 객관적으로 점검할 수 있도록 돕는다.
- "지금까지 해온 방식이 정말 효과적인가?"라는 질문을 지속적으로 던지게 한다.
- 기존 학습법과 새로운 학습법을 비교하며 효과성을 직접 체험하도록 한다.

2. 인지 부조화(Cognitive Dissonance) 활용

- 기존 학습법의 비효율성을 학생 스스로 인식하게 만든다.
- 예를 들어, "필기 위주 공부를 해온 학생에게 개념 설명 없이 문제를 풀어보게 하고, 왜 막히는지를 깨닫도록 유도한다."
- 이 과정에서 심리적 불편함이 발생하면, 새로운 학습법을 받아들일 확률이 높아진다.

3. 즉각적 피드백(Immediate Feedback) 제공

- 학습법을 바꾼 후 곧바로 결과를 확인할 수 있도록 한다.
- 예를 들어, 새로운 방식으로 공부한 후 짧은 테스트를 보게 하고, 성취감을 느끼게 한다.
- 변화의 효과를 짧은 주기로 확인할 수 있도록 해야 한다.

4. 성공 경험의 축적(Successive Approximation)

- 작은 성공을 반복적으로 경험하게 하여 학습 패턴 변화에 대한 거부감을 줄인다.
- 한 번의 큰 변화보다는, "일주일 동안 새로운 방식으로 한 단원만 공부해보기" 같은 작은 목표를 설정하는 것이 효과적이다.

결론: 변화를 받아들일 용기가 필요하다

학습이란 단순히 더 많은 시간을 투자하는 것이 아니라, 더 나은 방법을 찾고 그것을 적용하는 과정이다. 그러나 학생들은 종종 자기애와 고정관념에 갇혀 변화의 필요성을 부정한다. 교육 전문가의 역할은 단순한 지식 전달자가 아니라, 학생들이 스스로 변화를 받아들이고 성장할 수 있도록 도와주는 사람이다. 성적 향상은 단순히 노력의 문제가 아니다. 노력의 방향이 맞아야 한다. 그 방향을 찾는 것이 진짜 교육이며, 그 과정을 함께하는 것이 진짜 교육자의 역할이다. 학생들이 황소고집을 내려놓고, 더 나은 방법을 받아들일 수 있도록 돕는 것이야말로 우리가 목표해야 할 진짜 교육이다.

13

동그라미에 속지 마라 : 성장의 진짜 과정

얼마 전 한 학생이 퇴원을 했다. 이유를 들어보니, 내가 한 말에 상처를 받았다고 했다. 그 말은 다름 아닌 "고집을 버려라"였다. 그 학생은 쎈 문제집을 풀면서도, 자신만의 학습 방식에 자부심을 가지고 있었다. 문제를 풀고 나서, 예전에 자기가 풀었던 풀이 방식을 다시 본다고 했다. 실제로 그 학생의 노트를 확인해 보니, 정리가 정말 깔끔했다. 문제풀이 과정이 보기 좋게 정리되어 있고, 동그라미가 쳐진 문제들이 가득했다. 하지만 나는 한마디로 잘라 말했다. "이런 식으로 공부하면 안 돼. 문제집을 새로 사야 해." 동그라미가 쳐져 있고, 풀이 과정이 문제집에 그대로 남아 있으면 그것은 독이 된다. 문제를 보고 풀이 과정을 떠올리는 것이 아니라, 진짜 고민하는 시간이 필요하다. 그러나 학생은 자신의 학습 방식이 맞다고 확신하는 듯한 표정을 지었다. "한 문제를 가지고 하루, 이틀, 일주일 고민해 본 적이 있니?" 내 질문에 학생은 대답하지 못했다. 대신, 문제를 해결하기 위해 바로 다른 선생님에게 가서 답을 구하려 했다. 사실 그 순간이 너무나 안타까웠다. 저 한 단계를 넘어서면 더 성장할 수 있을 텐데, 바로 답을 찾는 습관이 자신을 가로막고 있다는 사실을 깨닫지 못했다.

그래서 작은 실험을 해봤다. 쎈 문제집의 일부분을 재편집해서 문제의 순서만 바꿨다. 문제 자체는 그대로 두었지만, 개념의 흐름을 바꿔서 다시 풀어보게 했다. 결과는 예상대로였다. 이전에는 맞았던 문제들이 많이 틀렸다. 그때는 같은 개념을 한 번에 학습하고 있었으니 맞을 수밖에 없었다. 하지만 시간이 지나고 맥락이 사라지자, 문제를 제대로 이해하지 못했다는 것이 드러났다. 결국 "그때의 나는 지금의 내가 아니다"는 사실을 받아들여야 했다. 학생들은 종종 문제집에 남겨진 동그라미를 보며, 자신의 실력을 착각한다. 하지만 동그라미는 실력을 보장하지 않는다. 그 문제를 다시 풀어보았을 때, 힌트 없이 풀어낼 수 있는가? 풀이 과정을 처음부터 다시 세울 수 있는가? 그것이 진짜 실력을 증명하는 기준이다. 나는 학생들의 성장을 돕는 사람이다. 그렇기 때문에 더 강하게 이야기할 수밖에 없었다. "네가 이 방법을 고집하면, 성장할 수 없어."

학생이 상처를 받았다는 이야기를 듣고, 솔직히 마음이 편치 않았다. 하지만 그 학생이 언젠가 깨닫게 될 날이 올 것이다. 동그라미가 많아진다고 실력이 쌓이는 것이 아니고, 고민하고 끙끙대는 과정 속에서 진짜 성장이 이루어진다는 것을. 나는 앞으로도 학생들에게 말할 것이다.
"과거의 너에게 속지 마라. 동그라미에 현혹되지 마라."
진짜 실력은, 너 스스로 고민한 시간만큼 자란다는 것을.

학습적인 지침: 문제풀이의 본질을 이해하는 법

1. 동그라미에 속지 마라

- 문제를 풀었다는 기록이 중요한 것이 아니다.
- 같은 문제를 다시 풀었을 때, 풀이 과정 없이 해결할 수 있는가?
- 문제를 단순히 푸는 것이 아니라, 개념을 온전히 내 것으로 만들었는지 점검하라.

2. 기존 방식의 함정에서 벗어나라

- 기존 방식이 효과적이지 않다면, 과감히 버릴 줄 알아야 한다.
- 자신의 문제 풀이 패턴을 점검하고, 새로운 접근 방식을 시도하라.

3. 고민하는 시간을 가져라

- 한 문제를 하루, 이틀, 심지어 일주일 동안 고민해도 좋다.
- 고민하는 시간이 길수록 개념이 깊어진다.

4. 다른 시각에서 문제를 바라보라

- 같은 문제라도 접근법을 다르게 설정해 보자.
- 여러 가지 풀이법을 시도하며 문제 해결력을 키워야 한다.

5. 다른 개념과 연결시켜라

- 한 개념을 배우면 그것이 어디에 활용될 수 있는지를 고민하라.
- 개념 간의 연결을 통해 문제 해결력을 높인다.

6. 한 문제를 다양한 방식으로 풀어보라

- 같은 문제를 다른 풀이법으로 접근하는 훈련이 필요하다.

- 한 가지 방식으로 풀면, 그 문제만 풀 수 있을 뿐이다.

7. 즉각적인 답을 찾으려 하지 마라

- 정답보다 풀이 과정을 고민하는 것이 중요하다.

- 직접 해결하려는 시도를 통해 학습의 깊이를 더할 수 있다.

8. 과거의 자신과 비교하지 마라

- '예전에는 맞았는데'라는 생각은 위험하다.

- 진짜 실력은 문제의 패턴이 바뀌어도 해결할 수 있는 능력이다.

14

대입을 준비하는 학생들에게 :
성적과 생기부, 무엇이 더 중요할까?

대학에 가는 방법에는 크게 수시와 정시가 있다. 수시는 교과 전형, 학생부 종합 전형(이하 학종)으로 나뉘고, 정시는 수능 100% 전형 또는 최저 기준을 충족하는 방법이 있다. 그런데 중학교와 고등학교의 가장 큰 차이점 중 하나가 있다. 바로 생기부(생활기록부)의 존재다. 학생들은 흔히 생기부를 '잘' 작성해야 좋은 대학에 갈 수 있다고 생각한다. 그래서 봉사활동, 동아리 활동 등에 집중하는 경우가 많다. 물론 이러한 활동이 중요하지 않다는 것은 아니다. 하지만 일반고에서 봉사활동과 동아리가 정말 대학 입시에 큰 영향을 미칠까?

생기부의 현실: 진짜 중요한 것은 무엇인가?

많은 학생들이 학종 전형을 목표로 하면서, 생기부 활동에 큰 비중을 두지만, 현실적으로 일반고 학생들에게 입학사정관들이 동아리와 봉사활동을 얼마나 중요하게 평가할까? 결국, 우선순위는 내신 성적이다. 자사고나 특목고에서는 다양한 프로그램과 수준 높은 활동들이 많다. 하지만 일반고에서는 활동의 질이 비슷하거나, 차별성을 두기가 쉽지 않다. 그러다 보니 생기부를 '특별하게' 만드는 것이 어렵다. 그렇다면, 입학사정관의 입장에서 생각해보자. 우리가 입학사정관이라면 성적이 좋은 학생을 뽑을까, 동아리를 열심히 한 학생을 뽑을까? 아무리 동아리 활동을 열심히 했다고 해도, 그 활동이 '수치적으로 증명될 수 있는가?' 이것이 가장 큰 문제다.

고등학생은 아직까지 경험이 부족한 존재다. 사회적으로 큰 성과를 내거나, 독창적인 연구를 해내기에는 한계가 있다. 결국 대학이 학생을 평가할 수 있는 가장 객관적인 지표는 성적이다.

왜 학생들은 동아리와 수행평가에 집중하는가?

고등학생들이 동아리와 수행평가에 집중하는 이유는 단순하다.

- 성적을 올리는 것이 어렵기 때문이다.
- 교과 성적을 올리는 과정에서 '고통'이 뒤따르기 때문이다.
- 그 고통을 회피하기 위해 동아리와 수행평가를 선택하는 것이다.

즉, 본질적인 공부에서 벗어나는 회피 전략이 될 수 있다. 물론 학생부 활동이 의미 없다는 것이 아니다. 하지만 우선순위를 잘못 두는 경우가 많다. 동아리 활동을 '주'로 하고 공부를 '부'로 하는 순간, 대학 입시에서 경쟁력을 잃는다.

입학사정관의 시선으로 바라보기

만약 우리가 입학사정관이라면, 다음 두 학생 중 누구를 뽑을까?

- A학생
  - 교과 성적 1.3
  - 동아리 활동 있음
  - 수행평가 충실

- B학생
  - 교과 성적 2.5
  - 다양한 동아리 활동
  - 봉사활동 200시간

A학생이 대학에서 더 좋은 성과를 낼 가능성이 높다고 판단될 것이다. 입학사정관은 학생이 고등학교에서 '어떤 경험을 했는지'도 보지만, 결국 대학에 와서 '학업을 수행할 수 있는 능력'이 있는지를 본다. 그렇다면 그 능력을 가장 확실하게 증명할 수 있는 방법은 무엇일까?

결국 성적이다.

결론: 동아리는 '보조', 공부는 '주력'이 되어야 한다

생기부가 중요하다고 해서 동아리 활동과 수행평가에 과몰입하는 것은 위험하다. 고등학생의 생기부에서 가장 중요한 요소는 교과 성적이다.

- 대입에서 객관적으로 평가받을 수 있는 지표는 성적이다.
- 동아리와 봉사활동은 성적이 받쳐줄 때 의미를 가진다.
- 고통을 회피하기 위한 활동이 아니라, 성장의 과정이 되어야 한다.

고등학생들에게 하고 싶은 말은 이것이다. "생기부를 채우려 하기 전에, 성적부터 채워라." "대학이 원하는 것은 '공부할 준비가 된 학생'이다." 결국, 대학은 성적을 통해 학생의 학업 수행 능력을 판단한다. 동아리는 보조 수단이지, 공부를 대신할 수는 없다. 지금 해야 할 것은, 교과 성적을 먼저 잡는 것이다.

학부모가 할 수 있는 실천 방법
1. 동아리 활동과 성적의 균형을 맞추는 대화법
- 아이가 동아리 활동에 집중하고 있다면, 이렇게 질문해 보자.
  "이 활동이 대학 입시에 어떻게 도움이 될까?"
  "네가 하고 싶은 진로와 관련이 있을까?"
- 아이가 스스로 활동의 의미를 생각하도록 유도해야 한다.

2. 공부보다 동아리 활동을 우선하는 아이를 바로잡는 방법
- "시간은 한정되어 있는데, 성적을 올릴 시간은 충분하다고 생각해?"
- "대학에서는 네가 공부할 준비가 된 학생을 찾고 있어. 성적을 먼저 신경써야 하지 않을까?"

3. 생기부 활동을 공부와 연결하는 방법

- 봉사활동, 동아리 활동이 성적에 도움이 될 수 있도록 전략적으로 활용하는 것이 중요하다.

- 예를 들어, "동아리에서 발표한 경험을 수행평가와 연결할 수 있을까?"

- "과학 동아리를 했다면, 이걸 탐구 보고서로 발전시켜 내신과 연계할 수 있을까?"

4. 고등학교에서 공부의 본질을 잃지 않도록 조언하는 법

- "생기부를 채우려 하기 전에, 성적부터 채우는 게 우선이야."

- "대학이 원하는 것은 '공부할 준비가 된 학생'이야."

- "동아리는 보조, 공부는 주력이라는 걸 잊지 말자."

15

요즘 학생들에게 하고 싶은 말 :
이 세상은 너를 중심으로 돌아가지 않아

"왜 나만 지적하지?"

학생들에게 가장 많이 듣는 말 중 하나다. 최근 학생들과 상담하면서 변화가 필요하다고 강조하면 학생들은 그것을 마치 자신을 부정하는 비난처럼 받아들이는 경우가 많다. 교육자로서 내 의도는 그 학생에 대한 애정이고, 그 학생이 더 나아지기를 바라는 마음이 크지만, 학생들은 그렇게 느끼지 않는 것이다. 왜 학생들은 변화를 강요받으면 비난이라 느낄까? 다양한 원인이 있을 수 있지만, 내 경험에서 보자면 대표적으로 다음과 같은 이유가 있다.

첫째, 자기애와 자기중심적 성향이 강하기 때문이다.
- 자신을 긍정적으로 바라보는 것에 익숙해진 요즘 학생들은 '자신이 틀렸다', '자신이 부족하다'는 말을 극도로 거부한다.
- 자신에 대한 긍정적인 자아상이 너무 강해서, 부족한 점을 마주하면 본능적으로 방어적이 된다.

둘째, 비판과 비난을 구분하지 못하기 때문이다.

- 객관적인 피드백을 자신의 인격에 대한 공격으로 받아들인다.
- "이 문제 풀이법을 바꾸면 더 좋겠다"는 제안을 "넌 틀렸어, 너의 방식은 잘못됐어"로 받아들인다.

셋째, 현실 회피적 성향 때문이다.

- 자신의 부족한 면을 마주하면 불편하니까 이를 애써 회피한다.
- 변화를 피하고 현재의 익숙한 습관에 머물고 싶어 하는 본능이 강하다.

넷째, 자신을 위로하고 보호하는 사회적 분위기 때문이다.

- "괜찮아, 너는 소중해", "넌 잘하고 있어"라는 힐링 문화를 너무 많이 접하다 보니, 조금만 날카로운 조언을 들어도 큰 충격으로 받아들인다.
- 부정적인 피드백을 견디는 힘을 기를 기회를 사회적으로 빼앗긴 상태다.

교육자의 진짜 역할은 무엇인가? 교육자의 가장 중요한 역할은 학생의 학습 패턴을 교정하는 일이다. 학생의 잘못된 습관을 바꿔주는 것이 핵심이지, 좋은 강의를 제공하거나 고급 자료를 제공하는 것만으로 성적이 오르진 않는다. 좋은 강의와 질 좋은 자료도 물론 중요하지만, 본질적으로 학생의 잘못된 학습 습관을 교정하지 않고는 근본적인 성적 향상이 불가능하다. 예를 들어, 학생이 암기식 공부법에만 의존하고 있다면, 그것을 지적하고 바꿔줘야 한다. 문제를 스스로 풀지 않고, 바로 답지를 보는 습관이 있다면 이를 과감히 바꿔줘야 한다. 이것이 바로 진짜 교육자의 역할이다. 하지만 학생들이 변화의 요구를 '비난'으로 받아들이면 어떻게 해야 할까?

학생들이 비판을 비난으로 받아들이지 않게 하는 솔루션
첫 번째, 객관적이고 명확한 근거로 지적하라.

- 막연히 "넌 이렇게 하면 안 돼"라고 말하면 학생은 감정적으로 받아들인다.
- "너의 공부법이 이렇게 때문에 효과가 없다. 실제로 네가 틀린 문제를 봐라"라고 구체적인 사례를 보여줘야 한다.

두 번째, 긍정적 목표와 연결지어 말하라.

- "너는 이렇게 고쳐야 해" 대신,
- "네가 이렇게 하면 성적이 이렇게 오를 거야"라고 구체적인 긍정적 목표를 제시하자.
- 학생이 변화 후 얻을 수 있는 이익을 명확히 인지하면, 변화에 더 적극적이 된다.

세 번째, 학생의 자존감을 유지하면서 비판하라.

- "너는 이게 부족해" 보다는, "이런 방법도 충분히 해낼 수 있는데, 왜 안 하는 거야?"처럼 가능성을 인정하는 방향으로 접근하라.
- 학생은 자존감이 다치지 않는다고 느끼면 비판을 더 잘 받아들인다.

네 번째, 소통 방식을 바꿔라.

- 일방적으로 "이렇게 바꿔라"는 명령형이 아니라, "이 부분을 네가 한 번만 바꿔보면 어떨까?"라는 제안형으로 말하자.

- 질문과 제안을 통해 학생 스스로가 자신의 습관을 바꿔야겠다는 결론을 내도록 유도해야 한다.

요즘 세대에게 하는 냉정한 조언
이 시대 학생들에게 하고 싶은 냉정한 이야기가 있다.
첫째, 세상은 절대로 너를 중심으로 돌아가지 않는다.
- 너의 자존감이 아무리 중요해도, 네가 부족한 것을 고치지 않으면 세상은 너를 기다려주지 않는다.

둘째, 비판을 견디지 못하면 성장도 없다.
- 조금만 날카로운 말을 들으면 쉽게 상처받고 좌절하는 사람은 앞으로도 계속 그 수준에 머물 수밖에 없다. 불편한 말을 견디는 힘을 키워야 한다.

셋째, 불편함을 피하면서 성공하는 사람은 없다.
- 불편한 지적을 회피하고 위로받으려 하는 순간, 발전은 멈춘다.
- 너에게 쓴소리를 하는 사람은 사실 너를 진심으로 위하는 사람이다.

학생과 학부모가 지금 당장 실천할 전략
1. 학생은 비판과 비난을 구분하는 연습을 해야 한다.
- 비판을 들었을 때 "이게 나를 위한 조언일까?" 스스로 되묻는 습관을 들이자.

2. 학부모는 학생의 자존감을 지나치게 보호하지 말라.
- 학생이 비판을 받을 때 부모가 감싸주는 대신, 비판을 받아들이는 방법을

가르쳐줘야 한다.

3. 교육자는 학생의 변화가 학생의 이익이라는 점을 명확히 해야 한다.
- 학생이 변화를 비난으로 느끼지 않도록 "네가 성장하면 너에게 이런 장점이 생긴다"고 확실히 알려주어야 한다.

결론

지금 학생들은 너무 많은 위로와 보호 속에서 자랐다. 하지만 진짜 세상은 다르다. 세상은 냉정하게 결과를 요구하며, 너의 감정을 지켜주지 않는다. 자신을 비판하고 변화를 요구하는 사람이 있다면, 그 사람은 너를 진짜 아끼는 사람이다. 학생들에게, 그리고 학부모에게 다시 한번 강조한다. 비판을 듣기 싫어하는 사람은 평생 지금의 수준에 머문다. 변화는 불편한 것이지만, 불편함을 견디고 습관을 바꿔야만 성장이 있다. 진짜 너를 아끼는 사람의 말을 듣고, 변화의 요구를 비난이 아니라 너에 대한 관심과 애정으로 받아들여야 한다. 이것이 진짜 성장이고, 이것이 진짜 공부다.

16

시간이 없다고 핑계 대지 마! :
네가 활용을 못 하는 거야

20년쯤 전, 내가 고등학교를 다니던 시절에는 지금과는 다른 풍경이 있었다. 요즘 학생들은 상상하기 어려울지 모르지만, 당시 우리에겐 소위 '0교시'라는 게 존재했다. 매일 아침 7시쯤 학교에 나와 아침 자습을 시작해야 했고, 그 후엔 정규 수업, 야간 자율학습까지 꼬박 학교에 머물렀다. 체벌도 흔했고, 이런 강제적 시스템이 정당화되던 시대였다. 그 시절의 입시는 내신보다는 철저히 수능 중심이었다. 그러다 보니 많은 친구들이 학교 수업은 뒷전이었다. "학교에서 하는 수업은 어차피 수능 공부에 도움이 되지 않는다"고 판단한 친구들이 많았다. 그리고 이 친구들은 학교가 끝나고 집에 가면, 밤늦게까지 —때론 새벽까지— 잠을 자지 않고 스스로 공부했다. 나는 그런 친구들을 보면서 이해하기 어려운 점이 있었다. "저렇게 새벽까지 공부하면, 다음 날은 어떻게 하지?" 실제로 그런 친구들은 수업 내내 졸거나, 아침부터 오후까지 거의 하루의 절반을 졸면서 버리는 경우가 많았다. 자연스럽게 집중하고 공부할 수 있는 시간대를 통째로 날려버리는 셈이었다.

그 시절 나의 공부 방식은 전혀 달랐다. 나는 아무리 고3이라고 하더라도, 밤 12시를 넘기는 공부는 하지 않았다. 대신에 아침이 되면 또렷한 정신으로 일어나고, 학교 수업시간에도 단 한 번도 졸지 않았다. 그렇게 학교 수업시간 자체를 내 공부 시간으로 적극적으로 활용했다. 물론 당시 친구들이 보기에 내 방식은 이상해 보였을 것이다. "수능에서 경쟁하는 학생이 어떻게 밤 12시도 안 넘기고 잠을 잘까?" 하지만 결과적으로, 나는 새벽까지 억지로 버티며 공부한 친구들보다 좋은 결과를 얻었다. 남들이 당연하다고 생각하는 '새벽 공부'가 아니라, 학교 수업이라는 자연스럽게 주어지는 시간을 최대한 나의 성장 도구로 활용한 덕분이었다.

지금 학생들에게 꼭 하고 싶은 말

지금의 학생들을 지도하다 보면, 당시의 그 모습이 자주 떠오른다. 수업시간에 졸고 있거나, 밤늦게까지 자습을 하고 다음 날 아침 집중력을 잃는 학생들을 볼 때마다 나의 그때 기억이 떠오른다. 학생들은 종종 자연스럽게 주어지는 시간을 '당연하게'만 받아들인다. 학교 수업은 지루하다고, 혹은 도움이 안 된다고 판단하며 졸거나 무시하고, 대신 밤늦은 시간이나 주말에 몰아서 공부하려고 한다. 하지만 여기서 중요한 점이 있다. 자연스럽게 주어지는 시간이라는 것은, 결코 가볍게 여길 대상이 아니라는 것이다. 학교 수업시간, 쉬는 시간, 등하교 시간 같은 '일상적인 시간'이 사실상 가장 효과적으로 성장할 수 있는 도구가 될 수 있다. 역행하는 것(새벽까지 억지로 공부하는 방식)이 아니라, 오히려 하루의 흐름에 자연스럽게 순응하면서 그 시간을 최대한 활용하는 학생이 결국에는 성공할 수밖에 없다.

대학 입학사정관이 원하는 학생

이제 수능뿐 아니라, 대학 입학사정관이 학생을 평가하는 시대다. 그렇다면 대학은 어떤 학생을 원할까? 새벽까지 억지로 공부하며 결국 다음 날 오전 수업을 허비하는 학생일까? 아니면 자신에게 주어진 자연스러운 시간을 최대한 생산적으로 활용하는 학생일까? 입학사정관의 입장에서 생각해보자. 대학은 주어진 자원을 어떻게 활용할 수 있는지, 그 능력을 가진 학생을 원한다. 스스로 만들어진 환경 속에서 효율적으로 성장할 줄 아는 학생, 억지로 환경을 비틀어 자신의 성장 속도를 늦추는 학생보다 자연스럽게 주어진 시간 속에서 최고의 결과를 낼 수 있는 학생을 뽑고 싶은 게 대학의 입장일 것이다.

이제 학생들은 억지로 남들과 경쟁하며 자극적인 방식의 공부를 찾는 대신, 자신의 하루를 가장 효율적으로 쓸 수 있는 방법을 고민해야 한다. 주어진 하루하루를 의미 있게 보내는 것이 결국 공부의 본질이며, 대학과 사회가 원하는 역량이기 때문이다.

학생이 오늘부터 바로 적용할 수 있는 지침
1. 밤 시간을 억지로 길게 끌지 말자.
- 하루의 피로는 그날로 마무리 짓고, 다음 날 아침의 선명한 두뇌를 활용하라.

2. 학교 수업을 얕보지 말자.

- 학교 수업이 당장 수능에 도움이 안 되는 것 같아도, 그 수업을 내 것으로 만드는 능력이 곧 경쟁력이다.

3. 하루의 루틴을 성장의 도구로 활용하자.

- 통학 시간, 쉬는 시간조차 학습의 일부로 활용할 수 있도록 간단한 복습 습관을 만들어라.

4. 남들과의 경쟁보다는 내 성장에 집중하자.

- 새벽까지 공부하는 친구를 따라가지 말고, 자신의 학습 리듬과 패턴을 찾아라.

냉정한 조언 (요즘 학생들에게 해주고 싶은 말)

너희는 시간이 없다고 자주 불평한다. 하지만 하루의 시간은 모든 사람에게 공평하게 주어진다. 문제는 시간이 부족한 게 아니라, 네가 시간을 제대로 활용하지 못하고 있는 것이다. 새벽까지 공부했다고 자랑하지 말아라. 진짜 중요한 것은 네가 하루를 어떻게 효과적으로 쓰고 있느냐는 것이다. 남들과 경쟁하며 억지로 만든 새벽 시간이 아니라, 아침부터 저녁까지 자연스럽게 주어진 일상의 시간을 최대한 효율적으로 사용하는 습관이 너의 인생을 바꾼다. 입학사정관은 너의 습관과 태도를 본다. 학교 생활을 소중히 여기고, 주어진 환경에서 최선을 다하는 학생을 원한다. 남들이 너의 공부를 판단하지 않게 하라. 너 스스로 너의 공부를 평가하라.

결론: 주어진 시간을 가장 잘 활용하는 학생이 최종 승리자다

20년 전이나 지금이나 공부의 본질은 변하지 않았다. 바로 주어진 시간을 가장 효과적으로 활용하는 것이다. 오늘부터라도 억지로 환경을 바꾸려 하지 말고, 네게 주어진 자연스러운 일상에서 최고의 결과를 얻기 위해 고민하고 노력하라. 그것이 바로 네가 대학 뿐 아니라 사회에서 인정받고 성장하는 가장 확실한 길이다.

부록

대학의 슬로건과 배움의 의미

대학의 슬로건은 단순한 문구가 아니다. 이는 대학이 지향하는 가치와 교육 철학을 함축적으로 담고 있으며, 그 학교를 선택하는 학생들에게 깊은 인상을 남긴다. 학생들을 지도하면서 학습의 방향성을 고민할 때, 나는 종종 이런 슬로건들을 떠올린다.

서울대 - "누가 조국의 미래를 묻거든 고개를 들어 관악을 보게 하라."
서울대는 단순히 개인의 성취를 넘어, 국가와 사회를 변화시키는 역할을 강조한다. 이는 학문의 본질이 개인을 위한 것이 아니라, 더 넓은 사회적 가치와 연결되어야 한다는 메시지를 담고 있다. 학생들도 공부를 단순한 점수의 축적으로 보지 않고, 자신이 궁극적으로 기여할 방향을 고민해야 한다.

연세대 - "진리가 너희를 자유케 하리라."
연세대의 슬로건은 교육의 핵심이 '진리 탐구'라는 점을 강조한다. 공부를 한다는 것은 단순히 지식을 쌓는 것이 아니라, 깊이 있는 사고를 통해 자유로운 삶을 영위할 수 있도록 하는 과정이다. 학생들에게도 '공부를 왜 하는가'라는 질문을 던질 때, 단순한 성공이 아니라 사고의 자유를 목표로 삼아야 한다고 강조한다.

숙명여대 - "세상을 바꾸는 부드러운 힘."

교육은 강압적인 것이 아니라, 스스로 성장하고 변화할 수 있도록 만드는 과정이다. 숙명여대의 슬로건처럼 부드럽지만 강력한 영향력을 가진 사람이 되려면, 성취보다 더 중요한 것이 지속적인 배움과 태도의 변화라는 것을 깨달아야 한다.

고려대 - "너의 젊음을 고대에 걸어라, 고대는 너에게 세계를 걸겠다."

이 문구는 도전과 헌신을 강조한다. 단순히 대학이 학생들에게 무언가를 주는 것이 아니라, 학생 스스로 자신의 젊음을 바쳐야 한다는 점이 인상적이다. 이는 학습과 성장도 마찬가지다. 학생들이 자신의 시간을 투자하고 도전할 때, 결국 더 큰 기회를 얻게 된다.

서강대 - "그대 서강의 자랑이듯, 서강 그대의 자랑이어라."

학교와 학생이 서로에게 자부심이 되는 관계를 강조하는 슬로건이다. 학습도 마찬가지다. 지아이학원에서 공부하는 학생들이 학원의 자랑이듯, 학원도 학생들의 성장으로 인해 더 큰 의미를 갖게 된다. 결국 학습은 단방향이 아니라 상호작용 속에서 더욱 빛을 발한다.

성균관대 - "예로부터 나라의 인재는 성균에 모여왔으니, 그대 머묾이 우연이겠는가."

성균관대의 철학은 교육의 전통과 가치에 있다. 학생들도 자신이 공부하는 환경과 과정이 결코 우연이 아니라는 것을 깨닫고, 배움의 기회를 더욱 소중하게 여겨야 한다.

이화여대 - "세상은 이화에게 물었고, 이화는 그대를 답했다."

배움은 결국 세상의 질문에 대한 답을 찾아가는 과정이다. 학생들도 단순한 지식 습득이 아니라, 스스로 생각하고 해결책을 제시할 수 있는 힘을 길러야 한다. 결국, 공부는 세상과 끊임없이 소통하는 과정이다.

한양대 - "Engine of Korea."

한양대의 슬로건은 실용성과 혁신을 강조한다. 학문이 단순한 탐구로 끝나는 것이 아니라, 실질적인 변화를 만들어내야 한다는 의미다. 학생들도 공부를 단순한 암기가 아니라, 실질적으로 삶에 적용할 수 있는 도구로 삼아야 한다.

배움의 가치는 무엇인가?

이처럼 각 대학의 슬로건은 단순한 문장이 아니라, 교육 철학과 배움의 의미를 담고 있다. 학생들이 공부를 하는 이유는 성적을 올리기 위해서가 아니라, 자신이 배운 것을 통해 더 큰 가치를 창출하고, 미래를 만들어가기 위해서다.

지아이학원에서도 이러한 철학을 학생들에게 심어주고 싶다. 단순한 성적 상승을 목표로 하는 것이 아니라, 배움의 과정 자체가 의미 있는 것이 될 수 있도록. 학생들이 오늘 하루 공부를 마쳤을 때, "오늘 나는 한 걸음 성장했다"는 확신을 가질 수 있도록.

Part 3.

학부모와
교육의 거리

1

사람을 빛나게 하는 말, 그리고 성장

오랫동안 학생을 지도하고, 다양한 사람들을 만나면서 깨달음이 있다. 사람과의 관계에서 가장 중요한 것은 실력이나 능력만이 아니라, 어떤 말을 주고받느냐라는 것이다. 말을 어떻게 하느냐에 따라 팀이 성장하기도 하고, 무너질 수도 있다. 대기업에서 근무하며, 그리고 학원을 운영하며 느낀 점은 같다. 조직이든 학원이든 결국 사람과 사람 사이의 관계가 핵심이라는 것이다. 특히 말의 힘은 생각보다 강력하다. 단순한 단어 하나가 분위기를 바꾸고, 조직을 성장시키며, 때로는 한 사람의 인생을 바꿀 수도 있다. 그래서 나는 좋은 관계를 만들어 가는 데 있어서 반드시 기억해야 할 다섯 가지 말을 정리해 보았다.

1. 덕분에

"덕분에"라는 말은 상대방을 빛나게 해주는 말이다. 좋은 기분을 느낄 때, 그 원인을 자신이 아니라 상대의 공으로 돌리는 표현이다. 대기업 인사팀에서 근무할 때, 성과가 뛰어난 직원들이 있었다. 하지만 단순히 성과를 잘 낸 직원보다 주변 동료들이 "이 사람 덕분에 팀이 잘 돌아간다"라고 말하는 직원이 조직에서 더욱 인정받았다. 사람들은 인정받고 싶은 욕구가 있다. "덕분에"라는 말 한마디가 주는 인정의 힘은 크다. TEAM 지아이에서도 마찬가지다. 학생들에게도 "네가 열심히 해줘서 반 분위기가 좋아졌어", "네 덕분에 오늘 수업이 재미있었어"라고 말하면, 그 학생은 더욱 자발적으로 노력하게 된다. 말 하나가 성장을 유도하는 것이다.

2. 그렇구나

"그렇구나"라는 말은 상대방의 생각을 존중하는 말이다. 우리는 종종 상대방의 말을 들으며 맞고 틀림을 따지려고 한다. 하지만 가장 중요한 것은 상대의 이야기를 있는 그대로 인정하는 것이다. 대기업 인사팀에서 수많은 면접을 보면서 깨달은 점이 있다. 면접에서 지원자가 어떤 대답을 하든, 우수한 평가를 받는 지원자는 면접관의 질문에 대해 자신의 의견을 말하면서도 상대방의 입장을 인정하는 사람이었다. "그렇구나"라는 표현은 사람을 존중하는 태도에서 시작된다. 학생들을 지도할 때도 마찬가지다. 어떤 학생이 "저는 국어가 너무 어려워요"라고 말할 때, "공부하면 되지!"라고 반응하기보다 "그렇구나, 어떤 점이 어렵게 느껴져?"라고 묻는 것이 더 좋은 대화다. 그렇게 해야 학생도 마음을 열고 자신의 어려움을 말할 수 있다.

3. 고생했네

"고생했네"라는 말은 상대의 노력을 다독여 주는 말이다. 우리는 결과를 중시하는 사회에서 살고 있다. 하지만 진짜 성장은 결과보다 과정에서 나온다. 한때 인사팀에서 직원 평가를 담당했을 때, 회사는 숫자로 성과를 평가해야 했지만, 진짜 중요한 것은 과정 속에서 배우는 태도였다. 학생들도 마찬가지다. 시험 점수만이 아니라, 그 시험을 위해 노력한 과정이 더 중요하다. "고생했네"라는 말은 단순한 위로가 아니다. 그 과정 자체를 인정해 주는 말이다. 학생들에게 이 말을 자주 해주려고 한다. "결과가 어떻든 네가 노력한 건 변하지 않아. 고생했어." 이 한마디가 학생들에게 공부를 계속할 힘을 준다.

4. 그럴 수 있지

"그럴 수 있지"라는 말은 실수에 대한 부담을 줄여주는 말이다. 누구나 실수를 한다. 하지만 실수를 받아들이는 방식이 사람의 성장을 결정한다. 대기업에서 프로젝트를 진행하다 보면, 예상치 못한 실수가 나오곤 한다. 하지만 실패를 경험하고도 성장하는 직원들은 항상 조직에서 더 오래 살아남았다. 학생들도 실수를 한다. 시험을 망치기도 하고, 실수를 반복하기도 한다. 그럴 때 "그럴 수 있지"라고 말해주는 것이 중요하다. 이 한마디가 주는 힘은 크다. 이 말을 듣는 순간 학생들은 자기 자신을 용서할 수 있다. 용서가 되어야 다시 도전할 수 있다.

5. 같이 해보자

"같이 해보자"는 함께라는 의미를 담은 말이다. 학원에서 학생들을 지도하면서 가장 크게 느낀 점이 있다. 혼자 가는 길보다 함께 가는 길이 더 멀리 간다는 것. 대기업에서도 팀워크가 중요한 이유가 여기에 있다. 아무리 실력이 뛰어난 사람도 혼자서는 한계가 있다. 조직에서 성과를 내는 사람은 혼자 잘하는 사람이 아니라, 다른 사람과 함께 성과를 내는 사람이었다. 학원에서도 마찬가지다. 어떤 학생이 어려움을 겪을 때, "혼자 해봐"라고 말하기보다 "같이 해보자"라고 말하면, 학생들은 혼자가 아니라는 느낌을 받는다. 이 말 한마디가 학생의 자신감을 만들어 준다.

향기로운 말이 좋은 사람을 만든다

향기로운 꽃에 벌이 모이듯, 향기로운 말을 쓰는 사람에게 좋은 인연이 찾아온다. 좋은 말은 나뿐만 아니라 내 주변을 변화시킨다. 그리고 궁극적으로 내 자신을 성장시킨다. 이 다섯 가지 말을 의식적으로 사용하면, 사람과의 관계가 달라진다. 학원에서, 직장에서, 가정에서 어떤 말을 하느냐가 결국 나를 어떤 사람으로 만드는지 결정한다. 오늘부터, 이 다섯 가지 말을 적극적으로 사용해보자. 그러면 우리가 만들어가는 팀과 조직, 그리고 학생들은 더 나은 방향으로 성장하게 될 것이다.

2

학부모가 자녀의 학습 과정을 격려하는 방법

학생들을 지도하다 보면, 학습의 결과만을 보고 자녀를 평가하는 학부모들을 종종 만나게 된다. 물론 성적표나 시험 결과는 자녀의 학업 성취도를 보여주는 중요한 지표다. 하지만 학습에서 더 중요한 것은 그 과정 속에서 자녀가 경험하고 성장한 부분을 알아보고 격려하는 것이다. 많은 학부모들이 "시험을 잘 봤어?"라는 질문을 먼저 던진다. 하지만 이 질문은 자녀가 공부를 하는 이유를 '결과'에만 집중하게 만든다. 진정으로 자녀의 학습을 격려하고자 한다면, "오늘 공부하면서 어떤 점이 가장 재미있었니?" 또는 "어려운 문제를 풀 때 어떤 생각이 들었니?"와 같은 질문이 더 효과적이다. 이러한 질문은 자녀가 학습 과정에서 느끼는 감정과 경험을 존중해 주며, 스스로 학습의 의미를 찾을 수 있도록 돕는다.

학습 과정을 격려하는 5가지 방법

1. 노력과 과정을 칭찬하라

"결과가 좋지 않아도 너의 노력은 정말 대단했어." "매일 꾸준히 공부하는 모습이 참 멋지다."

이러한 칭찬은 자녀가 성적에만 집착하지 않고, 학습의 과정에서도 만족감을 느낄 수 있게 해준다. 실제로 심리학 연구에 따르면, 과정 중심의 칭찬을 받은 아이들은 도전적인 과제를 마주했을 때 더 높은 성취감을 느끼고, 실패했을 때도 쉽게 포기하지 않는 모습을 보였다.

2. 학습 경험을 묻는 질문을 던져라
"오늘 학교에서 가장 기억에 남는 것은 뭐였니?" "어려운 문제를 해결했을 때 어떤 기분이 들었어?"

이런 질문은 단순히 공부했는지, 성적이 올랐는지를 묻는 것보다 훨씬 효과적이다. 자녀가 학습 과정에서 느낀 감정과 배운 점을 표현하게 만들며, 부모와의 대화 속에서 학습을 되돌아보는 시간을 제공한다.

3. 실수를 긍정적으로 받아들여라
"이번에는 잘 안됐지만, 다음에는 더 잘할 수 있을 거야." "틀린 문제 덕분에 새로운 것을 배웠구나."

자녀가 실수했을 때, 실수를 부정적인 경험이 아닌 배움의 기회로 바라볼 수 있도록 도와주는 것이 중요하다. 실수를 통해 성장할 수 있다는 메시지를 전달하면, 자녀는 실패에 대한 두려움보다 도전에 대한 용기를 갖게 된다.

4. 작은 성취도 크게 기뻐하라

"어제보다 오늘 더 많이 외웠구나. 대단해!" "네가 스스로 계획한 공부를 다 해냈구나. 정말 자랑스러워."

작은 성취라도 크게 인정받으면 자녀는 학습 과정에서의 자신감을 얻게 된다. 부모의 긍정적인 반응은 자녀의 자기 효능감(Self-efficacy)을 높여주며, 학습을 지속할 수 있는 동기가 된다.

5. 학습의 의미를 함께 찾아보라

"이 수학 문제가 왜 중요한지 생각해 본 적 있니?" "영어 단어를 외우면 나중에 어떤 도움이 될까?"

단순히 성적을 올리기 위한 학습이 아니라, 자녀가 공부의 의미와 목적을 스스로 찾을 수 있도록 도와주는 것이 필요하다. 학부모가 함께 학습의 의미를 탐색하면, 자녀는 공부를 단순한 의무가 아닌 삶의 한 부분으로 받아들이게 된다.

자녀의 성장에 진정한 관심을 가지자

학부모의 역할은 단순히 결과에 대한 평가자가 아니라, 자녀의 학습 여정을 함께 걸어가는 동반자가 되는 것이다. 자녀가 학습 과정에서 어떤 어려움을 겪고 있는지, 어떤 성취를 이루었는지 진심으로 관심을 가지면 자녀는 그 관심을 통해 더 큰 동기부여를 받는다. 내가 학부모님들께 항상 강조하는 부분이 있다. "아이의 성적만이 아니라, 그 성적을 위해 어떤 노력을 했는지를 봐주세요." 진정한 성장은 결과가 아니라 그 과정 속에서 이루어진다. 부모가 자녀의 학습 과정을 따뜻하게 격려해 준다면, 자녀들은 학습을 통해 스스로 성장하는 기쁨을 느낄 수 있을 것이다.

3

학부모의 역할 : 간섭이 아닌 지원

아이들의 학습을 돕고자 하는 학부모의 마음은 이해하지만, 때로는 그 마음이 아이들에게 부담으로 작용할 때가 있다. "공부 좀 해라", "성적 좀 올려야 하지 않겠니?"라는 말은 자식을 사랑하는 마음에서 나온 말이지만, 아이들에게는 간섭으로 느껴질 수 있다. 사실 학부모의 역할은 단순히 아이들의 학습을 감독하는 것이 아니라, 그들이 스스로 공부할 수 있도록 환경을 만들어 주는 것이다. 이것이 바로 '지원'과 '간섭'의 차이다.

간섭과 지원의 차이

간섭: 결과에만 집중한다

간섭은 주로 성적과 결과에만 초점을 맞춘다. "이번 시험 몇 점이었니?", "반에서 몇 등 했어?"와 같은 질문은 아이들이 자신의 학습을 점수로만 평가하게 만든다. 이는 자칫 아이들이 학습에 대한 흥미를 잃게 하거나, 성적에 대한 지나친 부담을 느끼게 할 수 있다.

지원: 과정에 집중한다

반면, 지원은 아이들의 학습 과정에 관심을 기울인다는 뜻이다. "오늘 공부하면서 어떤 점이 재미있었니?", "어려운 문제를 풀 때 어떤 생각이 들었어?"라는 질문은 아이들이 자신의 학습을 돌아보고, 스스로 성장할 수 있는 기회를 제공한다. 지원하는 부모님은 아이들이 실수했을 때도 긍정적인 태도로 대한다. "틀릴 수도 있지. 다음에는 어떻게 하면 좋을까?"라는 말은 아이들이 실패를 두려워하지 않게 만들고, 오히려 도전 정신을 키우게 한다.

학습을 돕는 지원의 방법
1. 학습 환경을 만들어 주기

아이들이 집중할 수 있는 학습 환경을 조성하는 것이 첫걸음이다. 조용하고, 학습 도구가 정리된 공간을 마련해 주면 좋다. 하지만 아이의 책상에 앉아 함께 공부를 지켜보는 것은 오히려 역효과를 낼 수 있다. 부모님이 할 일은 "공부해!"라고 말하는 것이 아니라, 아이가 자연스럽게 공부할 수 있는 분위기를 만들어 주는 것이다. 예를 들어, 부모님도 책을 읽거나 조용히 업무를 보는 모습을 보여주면, 아이들은 자연스럽게 공부에 집중할 수 있다.

2. 칭찬과 격려의 말

"결과보다 과정이 더 중요해.", "오늘도 노력했구나. 고생했어."와 같은 말은 아이들에게 큰 힘이 된다. 학습의 결과가 좋지 않더라도, 그 과정에서의 노력을 인정해 주면 아이들은 다음에도 도전할 용기를 얻는다. 특히 아이가 작은 성취를 이뤘을 때, 이를 진심으로 축하해 주는 것이 중요하다. "어제보다 오늘 더 많이 외웠구나. 대단해!"라는 말은 아이들에게 자기 효능감을 심어 준다.

3. 학습 목표를 스스로 정하게 하기

부모님이 학습 목표를 정해주는 대신, 아이가 스스로 목표를 설정할 수 있도록 돕는 것이 좋다. "이번 주에는 어떤 목표를 세울까?", "너의 목표를 이루기 위해 어떻게 계획하면 좋을까?"와 같은 질문을 통해, 아이들이 자율적으로 학습 계획을 세우도록 유도할 수 있다. 목표 설정 후에는 부모님이 이를 지나치게 체크하거나 관리하지 말고, 아이가 스스로 목표를 평가할 수 있는 시간을 주는 것이 좋다.

4. 실패를 받아들이는 태도

아이들이 실패했을 때, 부모님의 반응은 매우 중요하다. 실패를 문제 삼기보다, 이를 성장의 기회로 삼을 수 있도록 돕는 것이 좋다. "이번에는 잘 안됐지만, 다음에는 더 잘할 수 있을 거야."라는 말은 아이들이 실패를 두려워하지 않고, 오히려 새로운 도전을 하게 만든다. 또한, 아이들이 실수를 했을 때 "왜 그랬어?"라고 묻기보다, "이 경험을 통해 배운 점이 있다면 뭐니?"라고 질문하는 것이 좋다. 이는 아이들이 자기 성찰을 통해 학습을 더욱 깊이 있게 받아들이게 만든다.

결론: 부모의 진정한 역할은 '지원자'다

아이들의 학습을 진정으로 돕고 싶다면, 부모님은 '감독자'가 아닌

'지원자'의 역할을 해야 한다. 간섭은 아이들의 자율성을 해치고, 학습에 대한 동기를 잃게 만든다. 반대로 지원은 아이들이 스스로 학습의 의미를 찾을 수 있도록 돕고, 평생 학습자로 성장할 수 있는 밑거름을 제공한다. 아이들은 자신을 믿어 주고, 그들의 노력을 인정해 주는 부모님을 통해 진정한 학습의 기쁨을 느낄 수 있다. 학부모님들이 아이들의 학습 과정에서 따뜻한 지원자가 되어 준다면, 아이들은 스스로 성장의 길을 찾아갈 수 있을 것이다.

4
"공부 잘한다고 성공하는 건 아니잖아요?"
부모의 착각이 아이의 미래를 망친다!

요즘 학부모님들과 대화를 나누다 보면 가끔 답답함을 느낄 때가 있다. "공부 잘한다고 다 성공하는 건 아니잖아요", "우리 아이는 꼭 공부를 잘하지 않아도 돼요"라는 말을 들을 때 특히 그렇다. 그 말이 진심일 수도 있다. 하지만 그 속에는 은근한 회피가 깔려 있지는 않은가 하는 생각이 든다. 정말 그 학부모님들은 자신이 공부하지 않았어도 지금의 삶을 유지했을 것이고 생각하는가? 대학을 나오지 않아도 지금과 같은 삶을 살 수 있다고 믿을까? 나는 그렇지 않다고 생각한다. 나는 학창 시절에 배운 것들이, 그리고 그 학습의 과정이 내 인생의 중요한 가치를 만들어 주었다고 믿는다.

공부는 단순히 성적이 아니다

공부를 잘한다는 것은 단순히 시험 성적을 잘 받는다는 의미가 아니다. 공부를 통해 얻는 것은 지식뿐만 아니라, 문제 해결 능력, 사고의 깊이, 그리고 삶을 바라보는 태도까지 포함된다. 대기업에서 근무하면서, 그리고 지금 학원을 운영하면서 끊임없이 깨닫게 되는 진리는 바로 이 부분이다. 대학에서 배운 이론들은 실제 업무에서 1:1로 적용되지는 않는다. 하지만 그 배움의 과정에서 얻은 사고력과 문제 해결 능력은 나의 일과 삶에서 늘 큰 도움이 되었다. 대학 시절 밤을 새워 리포트를 작성하고, 토론을 준비하며 쌓인 경험들은 대기업에서 중요한 프레젠테이션을 준비할 때, 예상치 못한 문제에 대응할 때 큰 자산이 되었다.

공부의 가치를 폄하하지 말라

공부를 회피하는 말들은 결국 아이들의 가능성을 제한하는 결과를 가져온다. "하고 싶은 걸 해야죠", "공부만이 전부는 아니에요"라는 말들이 때로는 아이들에게 도전할 기회를 빼앗는 핑계가 될 수 있다. 물론 모든 아이들이 학문적 성취를 최고 목표로 삼을 필요는 없다. 하지만 공부를 통한 성장의 기회를 스스로 닫아버리게 하는 것은 옳지 않다. 특히, "우리 아이는 공부 안 해도 돼요"라는 말은 아이의 가능성을 미리 한정짓는 위험한 발언이다. 부모의 말 한마디가 아이에게는 "나는 할 수 없는 사람이구나"라는 인식을 심어줄 수 있다. 공부를 잘해서 얻는 성취감과, 그 성취감을 통해 얻게 되는 자신감은 아이가 미래의 도전에 맞설 수 있는 중요한 무기가 된다.

회피가 아닌 도전의 자세를 가르쳐야 한다

공부는 누구에게나 어려운 일이다. 하지만 이 어려움을 회피하게 두는 것은 자녀에게 도전할 기회를 주지 않는 것이다. 공부를 통해 작은 성공을 경험하고, 그 성공이 쌓여 자존감과 자기 효능감으로 이어지는 과정을 부모가 옆에서 응원해 주어야 한다. 아이들이 "나는 할 수 없어"라는 생각을 갖지 않도록, "할 수 있어"라는 메시지를 지속적으로 전달해야 한다. 이를 위해 필요한 것은 부모님의 솔직한 태도다. "사실 나도 학창 시절 공부가 힘들었어. 하지만 그 과정을 통해 얻은 것들이 지금의 나를 만들어 준 거야"라고 말해주는 것이다.

공부는 나를 성장시키는 과정이다

나는 대학을 나오지 않았다면, 지금의 내 생각과 가치관이 형성되지 않았을 것이라고 믿는다. 공부를 통해 나는 나의 한계를 넘을 수 있었고, 다양한 사람들과의 교류를 통해 새로운 관점을 배웠다. 이런 경험들이 대기업에서의 경험과 지금의 학원 운영에도 큰 자산이 되고 있다. 자녀들에게도 이러한 학습의 기회를 주어야 한다. 공부를 잘하면 좋고, 잘하지 못해도 도전하는 과정에서 얻는 것은 분명히 있다. 중요한 것은 부모가 자녀의 학습을 통해 성장할 수 있는 기회를 회피하지 않도록 돕는 것이다. 부모님의 말 한마디가 자녀의 미래를 바꿀 수 있다. 공부의 가치를 폄하하지 않고, 진정한 배움의 가치를 전해주는 부모님이 되어야 한다. 아이들에게 공부의 어려움을 인정하면서도 그 속에서 배울 수 있는 것들을 보여줄 때, 아이들은 공부를 회피하지 않고, 도전할 용기를 얻게 될 것이다.

5
혼자서 해내는 자녀를 자랑스러워하지 마라

학생들을 지도하다 보면 "저는 혼자서도 할 수 있어요"라고 말하는 경우를 종종 듣게 된다. 처음에는 그 의지가 참 대견하게 느껴진다. 스스로 무언가를 해내겠다는 다짐, 자립심을 키우려는 태도는 분명 긍정적이다. 하지만 그 말 속에는 은연중에 위험한 착각이 자리 잡고 있다. 바로 '혼자서도 충분히 잘할 수 있다'는 지나친 자기확신이다. 혼자서 공부할 수 있다는 자신감은 사실 성장의 한 과정일 수 있다. 학생들이 자립심을 키우고, 스스로 목표를 설정하며 실천하는 능력을 기르는 중요한 경험이기 때문이다. 그러나 이 과정에서 간과하지 말아야 할 것이 있다. 바로 자신의 한계를 정확히 인지하는 능력이다. 혼자서 해낼 수 있다고 믿는 것은 좋지만, 그 믿음이 현실적이지 않을 때 문제가 발생한다.

혼자서 공부하는 것의 실제 효과

심리학적으로 인간은 자신의 능력을 과대평가하는 경향이 있다. 연구에 따르면, 학생들 중 약 80%가 자신의 학업 능력을 실제보다

높게 평가한다는 결과가 있다. 특히 학습 과정에서 스스로의 약점을 발견하지 못할 때 이러한 착각은 더욱 강화된다. 실제로 "혼자 할 수 있다"고 주장하는 학생들의 상당수는 시간이 지나면 "도움을 받고 싶다"고 말하게 된다. 한 교육 심리 연구에서는 도움을 받지 않고 독학을 고집했던 학생들이 도움을 적극적으로 이용한 학생들에 비해 학습 성취도가 평균 20% 이상 낮다는 결과를 보여주었다. 이는 혼자서 학습하는 것만으로는 놓치기 쉬운 '학습의 맹점'이 존재한다는 것을 의미한다. 학원이나 학습 코치의 역할이 중요한 이유가 바로 여기에 있다. 누군가의 도움을 받을 때, 학생들은 자신이 미처 보지 못했던 부분을 인지하고 보완할 수 있는 기회를 얻는다.

도움을 받는 것의 진정한 의미

도움을 받는 것은 약점이 아니다. 오히려 이는 현대 사회에서 반드시 필요한 능력이다. 혼자서 모든 것을 해낼 수 있다는 자만보다, 필요한 도움을 적절히 이용할 줄 아는 사람이 사회에서도 성공할 가능성이 높다. 실제로 많은 기업에서는 '도움을 요청할 줄 아는 능력'을 중요한 역량으로 평가한다. 이는 단순히 협업 능력을 넘어, 자기 관리와 문제 해결 능력과도 직결된다. 특히 학생들에게 필요한 것은 '필요한 도움을 선별하고 활용하는 능력'이다. 학원에서는 학생들이 그들의 학습 상황에 맞는 도움을 선택할 수 있도록 다양한 학습 자료와 프로그램을 제공한다. 중요한 것은 학생들이 그 자원을 어떻게 활용하느냐에 있다. 부모님들이 "우리 아이는 혼자서도 잘해요"라고 말할 때마다 나는 속으로 걱정하게 된다. 부모님의 자부심은 이해하지만,

그 속에 혹시라도 "우리 아이는 도움을 필요로 하지 않는다"는 착각이 자리하고 있는 것은 아닌지 의문이 든다.

주어진 재원을 최대한 활용하는 것이 현명한 자세

현대 사회는 '자원이 있는 곳에 기회가 있다'는 말이 맞다. 학생들에게 주어진 학습 자원들은 그들의 학습 성취도를 높일 수 있는 중요한 도구들이다. 학원, 온라인 강의, 스터디 그룹, 멘토링 프로그램 등 다양한 학습 지원 체계가 있다. 이 자원들을 얼마나 잘 활용하느냐가 결국 학습의 질을 결정짓는다. 어떤 학생들은 학원의 도움을 받으며 꾸준히 학습을 이어가고, 부족한 부분을 채워나간다. 반면, 스스로 할 수 있다는 믿음에 사로잡혀 도움을 받지 않는 학생들은 학습의 초기에는 좋은 성과를 내기도 하지만, 시간이 지나면서 한계를 경험하게 된다. 그리고 그 한계를 인식했을 때는 이미 많은 기회를 놓친 후일 때가 많다.

혼자서 해내는 자녀를 자랑스러워하지 마라

부모님들에게 전하고 싶은 말이 있다. 자녀가 "혼자서도 할 수 있어요"라고 말할 때, 무작정 자랑스러워할 것이 아니라, 그 이면의 심리를 들여다볼 필요가 있다. 자녀가 정말 자신감에 차서 하는 말인지, 아니면 도움을 받는 것에 대한 두려움이나 자존심 때문인지 파악해야 한다. 부모님들의 역할은 자녀가 도움을 요청할 때 부끄럽지 않도록 하는 것이다. "혼자 해내서 기특하다"는 말보다 "필요한 도움을 잘 찾아서 활용할 줄 아는 네가 대견하다"는 말을 해줄 때, 아이들은 더욱 건강하게 성장할 수 있다. 결국 학습의 과정에서 중요한 것은 혼자서 모든 것을 해내는 능력이 아니라, 주어진 자원과 도움을 얼마나 잘 활용할 수 있느냐다. 현대 사회는 혼자서 해내는 사람보다, 함께 해내는 방법을 아는 사람을 필요로 한다. 학생들이 이 사실을 깨닫고 도움을 받는 것을 자연스럽게 받아들이는 것, 그것이야말로 진정한 학습의 성장이 아닐까.

6

우리 자녀가 공부를 못하는 이유는 무엇일까?

　학생과 학부모들이 가장 자주 하는 질문 중 하나는 바로 이것이다. "우리 아이는 왜 공부를 못할까?" 이 질문에 흔히 이렇게 답한다. "그냥 머리가 나빠서 그런 거 아닐까요?" 그럼 과연 머리가 나빠서 공부를 못하는 걸까? 맞다고 하면 맞고, 틀리다고 하면 틀리다. 이 말에는 여러 가지 의미가 숨어 있다. '머리가 나쁘다'는 말의 본질은 사실 주어진 활자나 문제를 봤을 때, 그것을 어떻게 처리하고 풀어내야 하는지 모른다는 뜻이다. 공부가 어려운 학생들은 흔히 이런 말을 한다. "저는 문제를 보면 뭘 해야 할지 모르겠어요." "선생님이 설명하시면 이해되는데, 혼자 하면 모르겠어요." 이 말들이 바로 '머리가 나쁘다'고 스스로 판단하는 이유다. 문제를 보고 즉각적으로 해결할 방법이 떠오르지 않으면, 자신이 머리가 나쁘다고 결론짓는다. 하지만 정말 중요한 것은 이것이다. 지금 머리가 나쁘다고 평생 머리가 나쁜 것은 아니라는 점이다. 태어날 때부터 결정된 머리의 차이는 분명히 있다. 같은 내용을 설명해도 단번에 이해하는 학생과 반복해서 설명해야 이해하는 학생이 있다. 그것을 부정할 필요는 없다. 그러나 문제는, 많은 학생들이 자신이 '이해가 느린 것'을 '머리가 나쁘다'는 것으로 단정짓고, 평생 벗어날 수 없는 운명이라고 생각한다는 점이다. 여기서 중요한 포인트가 있다. 머리는 바꿀 수 있다는 것이다. 지금 머리를 좋게 바꾸기 위해 노력하는 과정, 그것이 바로 공부이고 노력이다.

시간이 걸린다고 인정하는 것이 중요하다. 자신이 이해하는 데 시간이 더 걸린다는 사실을 인정하는 것이 출발점이다. 빠르게 이해하는 친구와 자신을 비교할 필요는 없다. 시간이 걸리는 것이 문제라면, 두 가지 중 하나를 선택하면 된다.

① **그 시간을 단축하는 방법을 찾아 노력한다.**
- 내가 왜 시간이 오래 걸리는지 분석하고, 그 부분을 바꾸려는 노력을 한다.
- 문제를 더 많이 풀어보거나, 집중력을 높이기 위한 훈련을 한다.

② **시간이 걸리는 것을 인정하고, 그에 맞는 학습 환경을 만든다.**
- 하루에 3시간을 공부하는 친구와 자신을 비교하며 좌절하지 않는다.
- 나는 하루 5시간이 필요하다고 인정하고, 5시간을 제대로 확보하는 환경을 조성한다.

결국, 이런 선택이 반복되면 학습 습관이 만들어진다. 공부를 잘하는 학생들은 대부분 자신에게 맞는 학습 환경과 패턴을 만들어 두고 있다. '시간이 걸리는 학생'은 그 시간이 걸린다는 것을 인정하고,

그에 맞게 계획과 환경을 조성하면 된다.

메타인지: 내가 어떤 사람인지 아는 것

　몇 년 전 교육계에서 크게 유행했던 용어 중 하나가 바로 '메타인지(Metacognition)'다. 이 개념은 자신의 인지과정을 정확하게 파악하고 이해하는 능력을 말한다. 당시 초등학생 자녀를 둔 많은 학부모들이 자녀의 메타인지를 키워주겠다며 수많은 사교육 기관을 찾았다. 사실 메타인지의 본질은 거창한 게 아니다. 자신의 학습 패턴을 스스로 분석하고, 그 문제점을 찾아내고, 변화시키는 힘이다.

　즉, "나는 이런 문제가 있을 때 잘 풀리지 않아. 그래서 이런 방법으로 학습을 하면 더 빨리 이해해." 라고 자신 있게 말할 수 있는 능력이다.

　메타인지가 높은 학생은 학습에서 다음과 같은 힘을 발휘한다.
- 스스로 자신이 부족한 부분을 정확히 파악한다.
- 자신의 공부법이 잘못된 경우, 빠르게 수정할 수 있다.
- 통제력과 자기 조절력을 갖추고 공부한다.

　결국, 메타인지의 핵심은 자기 자신을 제대로 아는 것이다. 이것을 아는 학생은 공부가 힘들어도 방향을 잃지 않는다.

승부욕을 가진 학생이 공부를 잘하는 이유

간혹 학부모님들이 묻는다. "우리 아이는 승부욕은 있는데, 머리가 좋아서 그런 걸까요?" 사실 승부욕이 있다고 해서 그 학생이 특별히 머리가 좋다고 말할 수는 없다. 그러나 분명한 사실은 승부욕을 가진 학생은 자신이 부족하다는 것을 받아들이지 못하는 성향이 강하다. 부족하다는 것을 인정하는 순간, 반드시 그것을 극복하려 노력하기 때문이다. 즉, 승부욕 있는 학생이 공부를 잘하는 이유는 머리가 좋아서가 아니라, 자기 자신의 부족함을 인정하고 변화시키는 과정이 빠르기 때문이다. 승부욕이 강한 학생은 문제를 틀리면 그 문제를 그냥 넘기지 못한다. 왜 틀렸는지, 어떻게 하면 다시 안 틀릴지 끝까지 고민하고 결국 그 해결책을 찾는다. 그것이 바로 메타인지이며, 승부욕과 결합하여 학습 능력을 크게 높이는 원동력이 되는 것이다.

학부모와 학생이 바로 실천할 수 있는 지침

1. 내가 이해가 느리다는 사실을 인정하자.
- 남과 비교하지 말고, 내 학습 속도를 있는 그대로 인정해야 한다.

2. 내 학습 패턴을 분석하고 적절한 전략을 세우자.
- 내가 어떤 문제에서 자주 막히는지, 그 이유는 무엇인지 분석해야 한다.
- 문제점을 알았다면 그것을 해결하는 구체적인 방법을 세워야 한다.

3. 메타인지 훈련을 하자.
- 자신이 부족한 부분과 강점을 명확히 정리해보고, 자주 노트에 기록하자.

- 혼자 잘 안 되면 부모나 선생님과 함께 체크리스트를 만들어 점검해 보자.

4. 승부욕을 자기 발전의 원동력으로 만들자.

- 틀린 문제를 절대 그냥 넘어가지 말자. 자신에게 끈질기게 질문하고 해결책을 찾자.
- 부족함을 인정하고 극복하는 연습을 꾸준히 하자.

결론적으로, 머리가 나쁜 것이 문제가 아니라, 내가 어떤 사람인지 모르고, 그에 맞는 학습법을 찾지 못하는 것이 문제다. 메타인지를 높이고, 자신만의 학습법을 찾는 과정 자체가 바로 '공부'의 본질이다. 그렇게 노력하면 누구나 지금보다 더 나은 성과를 얻을 수 있다.

7

"우리 아이가 집중력이 안 좋아요."
⇒ 집중력을 키우는 실제방법

학생들이 공부를 못하는 이유를 물어보면 자주 듣는 답이 있다.
"집중력이 부족해서요." 이 집중력이라는 것이 참 신기하다. 같은 수업을 듣는 학생들도 선생님의 얼굴을 똑바로 보고 집중하는 학생이 있는가 하면, 몇 초만 지나도 고개가 다른 데로 돌아가는 학생들도 있다. 나는 강의할 때마다 학생들이 내 얼굴을 바라보고 있는지, 혹은 다른 생각에 빠져 있는지를 예민하게 살핀다. 학생들마다 나를 바라보는 눈빛과 집중도가 너무나 다르기 때문이다. 내 얼굴을 뚫어져라 바라보며 필기하는 학생이 있는 반면, 수업을 듣고 있지만, 시선은 멀리 어딘가를 향해 떠다니는 학생도 있다. 당연히 집중하는 학생이 성적 향상에 더 유리할 수밖에 없다. 그렇다면, 집중력은 타고나는 능력일까? 그렇지 않다. 집중력은 충분히 훈련을 통해 키울 수 있는 능력이다. 그럼 어떻게 해야 할까?

① '집중'을 위한 환경 설계

집중력이 약한 학생일수록 환경의 영향을 크게 받는다. 환경이 갖

취져 있지 않으면 아무리 집중을 하려 노력해도 실패할 확률이 높다. 예를 들어, 학원에서 수업을 들을 때 자신의 자리를 정할 때도 신경 써야 한다. 집중력이 떨어진다면 앞쪽이나, 강사와 눈이 마주칠 수 있는 위치에 앉는 것이 좋다.

- 집중력이 낮은 학생일수록 뒤에 앉으면 시야에 여러 가지가 들어와 쉽게 집중력을 잃는다.
- 강사와 눈이 마주치는 위치는 무의식적으로 긴장감과 책임감을 부여해 집중력을 높인다.

이 작은 변화만으로도 실제 학생들의 집중력과 학습 효과가 달라지는 경우가 많았다.

② 스스로 스토리를 만들며 공부하기

수업 중 들었던 내용을 잊어버리는 학생들은 대부분 듣기만 하고, 스스로 내용을 재구성하지 않는다. 이때 필요한 것이 '자기만의 스토리'를 만드는 것이다. 스토리 기억법은 뇌과학적으로도 효과가 입증되었다. 우리 뇌는 이야기를 좋아한다. 정보가 흩어져 있을 때보다 하나의 흐름으로 연결되어 있을 때 더 잘 기억된다.

예를 들어 역사를 공부할 때 그냥 외우는 게 아니라,

- "이 사건이 일어난 이유는 뭐였지?"
- "만약 내가 왕이었다면 어떻게 했을까?"

이런 질문을 하며 나만의 이야기를 만들어야 한다.

이 방법을 사용하면 뇌는 단순 암기에서 벗어나 능동적인 기억을 하게 된다. 이렇게 하면 집중력과 기억력이 모두 올라간다.

③ 메모를 통한 집중력 강화법

필기할 때 단순히 받아쓰기만 하는 학생들이 많다. 이러면 수업 시간 내내 집중했다고 해도 수업이 끝난 후 기억에 남는 것이 없다. 필기의 목적은 단순히 '적기'가 아니다. 필기의 목적은 '확인하기'이다.

1. 필기를 할 때는 구어체로 적자.

예를 들어 수학 필기를 한다면,
- '인수분해'라고만 쓰지 말고,
- '인수분해는 이렇게 바꾸는 거야. 꼭 다시 풀어보자!'라고 자신의 말로 정리하는 것이다.

2. 필기를 하고 쉬는 시간이나 집에 가서 반드시 스스로에게 질문하고 답하자.
- "왜 이런 공식이 나왔지?"
- "선생님이 왜 이 개념이 중요하다고 했지?"

이렇게 하면 필기한 내용을 오래 기억할 수 있다.

④ 메타인지 기록장을 활용하라

앞서 말한 '메타인지'는 학습에 있어서 매우 중요한 요소다. 하지만 실제 이를 활용하는 학생은 많지 않다. 내가 학생들에게 추천하는 방법 중 하나는 메타인지 기록장을 만드는 것이다.

1. 매일 공부가 끝날 때 다음 질문을 스스로 하자.
- 오늘 배운 내용 중 무엇이 가장 기억에 남나?
- 무엇이 이해되지 않았고, 그 이유는 무엇인가?
- 다음에 같은 문제를 만났을 때 어떻게 해결할 것인가?

이런 과정을 기록하다 보면 자신이 집중력이 떨어지는 이유를 정확히 알 수 있다. 이 방법은 이미 수많은 연구에서 검증된 학습법이며, 성적이 상승하는 학생들의 공통적인 습관이기도 하다.

⑤ 인강과 현장 수업의 시너지

많은 학생들이 인강(인터넷 강의)을 들으며 자신이 충분히 공부했다고 생각한다. 하지만 인강은 '입력(input)'의 도구이지, 완전한 공부가 아니다. 반드시 강의 이후에 자기만의 '재구성 과정'이 필요하다. 이런 방법을 추천한다.

- 강의를 듣기 전, 혼자서 먼저 10분 정도 내용을 훑어보고 핵심 질문을 만든다.
- 강의를 듣고 난 후 다시 한 번 질문을 던진다.

→ "강사가 말한 이 내용이 어떤 의미였을까?"
→ "이 내용을 내가 다른 사람에게 설명할 수 있을까?"

이러한 과정이 '완전한 공부'를 완성시키고, 집중력을 키우는 핵심이다.

⑥ 휴식과 집중력 사이의 균형 유지

집중력을 키우려면 무조건 오랜 시간을 앉아 있는 것이 중요한 게 아니다. 집중력이 낮은 학생일수록 짧고 명확한 휴식이 필요하다.

- 50분 공부 후 10분 휴식(포모도로 기법 활용)
- 쉬는 시간에는 핸드폰이나 게임을 하지 말고 가볍게 걷기, 스트레칭, 눈 감고 명상 등 뇌가 리셋되는 활동을 선택하자.

집중력이 낮은 학생일수록 반드시 휴식의 질을 관리해야 한다.

결론: 공부는 집중력이다

집중력은 DNA로 결정되는 것이 아니다. 집중력은 결국 훈련과 환경의 설계로 발전시키는 능력이다.

1. 환경을 바꿔라.
2. 자기만의 이야기(스토리)를 만들어라.
3. 메타인지 기록장을 통해 자신의 학습을 돌아보자.

4. 강의 후 재구성 과정을 통해 진짜 공부를 완성하자.
5. 휴식과 집중의 균형을 맞추자.

이런 구체적인 방법들을 실천하면 집중력이 달라진다. 집중력이 달라지면 성적이 달라지고, 그러면 결국 공부에 대한 자신감과 흥미가 생긴다. 이제는 DNA를 탓하지 말고, 자기만의 학습법을 만들자. 진짜 공부는 머리가 아니라, 이렇게 하루하루 만들어가는 노력과 고민의 과정이다.

8

우리 아이는 공부를 열심히 해도 성적이 안 올라요!

학생들을 가르치면서 자주 듣는 고민이 있다. "선생님, 저 진짜 열심히 했는데 왜 성적이 안 올라요?" 처음에는 그 학생의 이야기를 들으며 마음이 아팠다. 하지만 막상 자세히 물어보면, 학생들이 말하는 '열심히'는 대부분 실제 학습량이나 시간에 초점이 맞춰져 있다.

- 하루에 열 시간씩 자리에 앉아 있는다.
- 문제집을 많이 푼다.
- 필기도 꼼꼼하게 정리하고, 인강도 빼놓지 않고 듣는다.

그런데 결과는 좋지 않다. 무엇이 문제일까? 많은 학생들이 이런 결과를 마주하면 흔히 "내가 머리가 나쁜가?" 하고 자기 능력 탓을 한다. 하지만 내가 보기엔 그 학생들에게는 결정적인 공통점이 있다. 바로, '공부의 본질'을 이해하지 못한 채 단순히 형식적인 공부를 반복한다는 점이다.

공부의 함정, '익숙함'의 함정

대부분의 학생들이 빠지는 가장 큰 함정은 "익숙함의 덫"이다. 예를 들어보자. 수학 문제집을 여러 번 풀었다고 가정해보자. 문제집의 1번부터 100번까지 문제를 반복적으로 풀었다면, 그 문제들은 익숙해진다. 그리고 대부분 학생은 이렇게 말한다. "저 이제 이 문제는 다 풀 수 있어요." 하지만 시험지를 받으면, 조금만 변형된 문제에도 쉽게 틀린다. 이유는 뭘까? 문제 풀이를 '암기식 패턴'으로 익혔기 때문이다. 내가 가르치는 학생 중에도 깔끔하게 정리된 노트를 가지고 다니며, "선생님, 이거 다 정리했어요!"라고 자랑스러워 하는 학생이 있었다. 하지만 실제로 테스트를 해보니, 문제 순서만 조금 바꾸어 내니 제대로 풀지 못했다. 이 학생은 학습이 아니라, '암기'만 하고 있었던 것이다. 즉, 학생이 열심히 공부했는데 성적이 안 오르는 이유는 진짜 공부를 한 게 아니라, '공부를 했다는 착각'에 빠졌기 때문이다.

'익숙함의 덫'을 벗어나는 방법
첫째, 질문하고 스스로 답하라.

수업을 듣거나, 인강을 들을 때 학생이 가장 많이 하는 실수는 수동적으로 내용을 받아들이는 것이다. 내가 강조하는 방법 중 하나는 수업 내용을 자신에게 질문으로 바꾸는 것이다. "이 개념은 왜 필요할까?" "이걸 내가 다른 친구에게 설명할 수 있을까?" 이렇게 스스로에게 질문하면 뇌가 능동적으로 작동하고, 자연스럽게 집중력이 높아진다.

둘째, 예습을 통해 수업 효율을 극대화하라.

대부분의 학생이 '복습'을 우선으로 하지만, 오히려 예습이 더 중요하다. 수업 전에 개념과 흐름을 먼저 훑어보고 강의에 들어가면, 강사의 설명을 듣는 순간 이해도가 올라가고, 머릿속에 더 깊이 새겨진다. 이는 뇌 과학에서도 입증된 사실이다. 학습 전 미리 뇌에 학습 내용을 노출시키면, 이후 학습의 효율성이 최대 30% 높아진다는 연구 결과도 있다.

인풋(input)보다 더 중요한 아웃풋(output)

많은 학생들이 공부에서 'input'만 강조한다. 인강을 듣고, 강의를 듣고, 필기하는 등 끊임없이 지식을 흡수한다. 하지만 정작 시험에서 성적을 좌우하는 것은 내가 얼마나 머릿속에 정보를 넣었느냐(input)가 아니라, 실제로 문제를 풀어내고 적용할 수 있는지(output) 에 달려 있다. 실제 연구 결과를 살펴보면, 공부를 잘하는 학생과 못하는 학생의 차이는 인풋이 아니라, 아웃풋의 비율에 있다. 잘하는 학생일수록 아웃풋의 비중이 인풋보다 월등히 높다. 결국 아웃풋을 많이 해야 성적이 오르는 것이다.

실제 공부법의 변화가 학생을 성장시킨다

앞서 이야기한 것처럼 센 수학 문제집을 여러 번 반복했지만 문제 순서를 바꿔서 풀어보게 하자, 오답이 많았다. 왜일까? 그 학생은 문제를 진짜로 이해한 것이 아니라, 문제집에서의 위치와 풀이법을 '기억'하고 있었기 때문이다. 결국 그 학생은 자신의 학습 패턴을 바꿔야 했다. 문제를 외우는 방식이 아니라, 매일매일 새로운 문제처럼 접근하고, 다른 방법으로 접근하는 훈련을 했다. 그 후 이 학생은 실제 시험에서도 높은 성적을 기록했다. 즉, 아웃풋 중심의 학습을 하게 되자 자연스럽게 인풋도 효과적으로 정리되었던 것이다.

공부는, 결과를 만들어내는 과정이다. 학부모와 학생들에게 꼭 하고 싶은 말은 이것이다. 공부는 결과를 내야 의미가 있다. "열심히 했어요"라는 말이 중요한 게 아니라, "내가 공부한 것이 진짜 내 것이 되었는가?"가 중요하다. 지금 내가 잘 안 된다고 생각한다면, 그 원인은 공부를 덜 해서가 아니라 잘못된 방식으로 공부하고 있기 때문이다.

진짜 공부법은 다음과 같다.
1. 스스로 질문하며, 스스로 답을 찾아야 한다.
2. 인풋보다 아웃풋을 늘려 문제해결력을 키워야 한다.
3. 깔끔한 필기보다, 자기만의 스토리로 연결하고 스스로에게 질문하며 개념을 체화해야 한다.

조언: 공부를 바꾸려면 지금까지의 습관부터 깨야 한다

학생들은 공부법을 바꾸려 하지 않는다. 불편하고 귀찮기 때문이다. 그러나 익숙한 것만 고집하면 아무리 오래 공부해도 발전하지 못한다. 공부를 잘하는 학생은 불편한 공부를 기꺼이 하는 학생이다. 불편함을 감수하고 낯선 방법을 시도해야 성적이 달라지고, 실력이 달라진다. 나는 교육자로서 수많은 학생을 만나왔다. 결론적으로 말해, 잘하는 학생은 결코 처음부터 잘한 게 아니다. 공부의 본질을 깨닫고 잘못된 방법을 버리는 데서 시작했다.

"공부는 DNA가 결정하는 것이 아니라, 습관을 통해 결정된다."

이 말이 이 책을 읽는 모든 학생과 학부모들에게 전달되었으면 한다. 지금 성적이 낮다고 해도 좌절하지 말고, 잘못된 공부법을 버리고, 진짜 공부를 시작해야 한다. 이것이 내가 학생들에게 진심으로 하고 싶은 이야기다.

Part 4.

지아이학원의
일기장

1

학원의 역할 :
공교육이 채우지 못하는 부분을 보완

학교에서의 학습은 학생들에게 기초 지식과 전반적인 학문적 기초를 제공한다. 그러나 공교육 시스템의 한계로 인해 학생들이 충분히 학습하지 못하는 부분이 존재한다. 이때 학원은 공교육의 부족한 점을 보완하는 역할을 한다. 학원에서는 학생 개개인의 학습 수준과 필요에 맞춘 맞춤형 교육을 제공하여, 학생들이 놓치고 있는 부분을 채워줄 수 있다.

공교육의 한계와 학원의 역할
1. 학습 속도의 차이를 보완한다

공교육에서는 모든 학생이 동일한 진도로 수업을 듣는다. 하지만 학생들은 각자의 학습 속도가 다르다. 어떤 학생은 수업을 따라가기 벅차고, 또 어떤 학생은 이미 알고 있는 내용을 반복 학습하게 된다. 학원에서는 학생 개개인의 학습 속도에 맞춰 수업을 진행할 수 있다. 예를 들어, 수학에서 기초 개념이 부족한 학생에게는 추가 보충 수업을 제공하고, 반대로 진도를 앞서가는 학생에게는 심화 학습을 제공하여 학습 격차를 줄일 수 있다. 이러한 맞춤형 학습은 학생들이 학교 수업에서 놓친 부분을 채우고, 더 깊이 있는 학습을 할 수 있도록 돕는다.

2. 시험 대비와 문제 풀이 강화

학교 수업에서는 개념 위주의 교육이 이루어지는 경우가 많다. 하지만 실제 평가에서는 문제 풀이 능력과 실전 감각이 중요하다. 학원에서는 학생들이 시험에서 좋은 성적을 받을 수 있도록 다양한 문제 풀이 방법과 시험 대비 기술을 가르친다. 특히 학교에서 다루지 않는 문제 유형이나 고난도 문제를 학원에서는 추가적으로 다루며, 학생들이 실제 시험에서 당황하지 않고 문제를 해결할 수 있는 능력을 길러준다. 예를 들어, 모의고사나 실전 연습을 통해 학생들이 시험 환경에 익숙해지도록 지원한다.

3. 개별 학습 지도를 통한 학습 격차 해소

학교에서는 한 교사가 많은 학생을 동시에 지도하기 때문에, 개별 학생의 학습 상태를 세밀하게 파악하기 어렵다. 반면 학원에서는 학생별 학습 데이터를 기반으로 개별 학습 계획을 세우고, 학생의 강점과 약점을 파악하여 맞춤형 지도를 제공할 수 있다. 학생이 특정 단원에서 자주 실수를 한다면, 학원에서는 그 단원에 대해 추가적인 설명과 문제 풀이를 제공하며, 학생이 이해할 때까지 반복 학습을 지원한다. 이는 학생들이 자신이 부족한 부분을 스스로 인지하고 개선할 수 있도록 돕는 중요한 역할을 한다.

4. 비인지적 능력 강화

공교육에서는 주로 인지적 능력(시험 성적, 암기력 등)에 집중하지만, 학원에서는 비인지적 능력(끈기, 자기조절, 협업 능력 등)도 함께 강화할 수 있다. 학원에서는 학생들이 공부 습관을 잡을 수 있도록 학습 관리 시스템을 제공하고, 자기 주도 학습을 돕는 다양한 프로그램을 운영한다. 예를 들어, 학생들이 공부 계획을 세우고 스스로 관리할 수 있도록 스터디 플래너를 사용하게 하거나, 그룹 학습을 통해 협업 능력을 키우는 활동을 진행한다. 이러한 프로그램들은 학생들이 학교에서는 경험하지 못하는 다양한 학습 경험을 제공하며, 학업뿐만 아니라 삶의 다양한 상황에서도 활용할 수 있는 능력을 키울 수 있게 한다.

학원과 공교육의 시너지 효과

학원의 역할은 단순히 학교 수업을 보충하는 데 그치지 않는다. 공교육이 제공하지 못하는 심화 학습, 문제 해결 능력 강화, 그리고 비인지적 능력 향상을 통해 학생들이 학교 생활에서도 좋은 결과를 얻을 수 있도록 돕는다. 학부모님들께서도 학원의 이러한 역할을 이해하고, 자녀가 학원에서 배운 내용을 학교에서도 자연스럽게 활용할 수 있도록 도와주면 좋겠다. 예를 들어, 자녀에게 "오늘 학원에서 배운 게 학교에서도 도움이 되었니?"와 같은 질문을 통해 학습의 연결성을 강화할 수 있다. 결론적으로, 공교육과 학원이 각각의 강점을 살려 서로 보완할 때 학생들의 학습 효과는 극대화된다. 공교육이 제공하는 기초 학습과 학원의 맞춤형 학습이 결합되면, 학생들은 단순히 시험을 잘 보는 것을 넘어서 학습의 진정한 의미를 깨닫고, 스스로 학습할 수 있는 능력을 갖추게 된다.

2

좋은 학원이란 상위권이 다니는 학원인가?
학원의 현실을 직시하다

많은 학부모님들이 학원을 선택할 때 가장 먼저 보는 것은 바로 성적표이다. "1등급 몇 명", "백점 몇 명", "명문대 합격자 배출"과 같은 문구들이 학원의 입구를 가득 메운다. 학부모님들께서 이렇게 숫자에 민감해지는 이유는 무엇일까? 사실 이 숫자들은 부모님들의 불안을 잠재우는 역할을 한다. "우리 아이도 저기에 끼면 자연스럽게 성적이 오르겠지"라는 기대감 때문이다.

하지만 상위권 학생들이 많이 다닌다고 해서 무조건 좋은 학원이라고 할 수 있을까? 좋은 학원의 기준을 단순히 성적 상위권 학생의 수로만 평가하는 것은 위험한 착각이다. 많은 학원들은 상위권 학생들을 유치하기 위해 다양한 혜택을 제공하고, 실제 성적 향상이 필요한 학생들에게는 충분한 지원을 하지 않는 경우도 있다.

학원의 현실: 상위권 학생을 위한 학원과 그렇지 않은 학원
1. 상위권 학생이 몰리는 학원: 이 학원들은 이미 학습 능력이 뛰어난

학생들이 많다. 학원에서는 그 학생들의 성적을 자랑하면서 새로운 학생을 유치한다. 하지만 이 학생들의 성적 향상이 과연 학원의 시스템 덕분일까? 대부분의 경우 상위권 학생들은 스스로 학습할 줄 아는 학생들이다. 학원의 도움보다는 이미 형성된 자기주도 학습 능력과 부모님의 교육적 지원이 큰 역할을 한다.

2. 하위권 학생을 키워주는 학원: 이런 학원들은 상대적으로 마케팅에서 불리하다. 성적이 오르는 데 시간이 걸리고, 성장이 가시적으로 드러나는 데 시간이 필요하기 때문이다. 그러나 진정한 교육의 가치는 여기에 있다. 중위권, 하위권 학생들이 꾸준히 성적을 올리고, 학습의 즐거움을 찾을 수 있도록 돕는 학원이야말로 진정한 '좋은 학원'이라 할 수 있다.

3. 중간층 학생의 방치 문제: 많은 학원에서 중간층 학생들은 방치되기 쉽다. 상위권 학생들은 이미 잘하고, 하위권 학생들은 관리의 손길이 필요한 경우가 많다. 그렇다면 중위권 학생들은? 그들은 대개 "그럭저럭" 성적을 유지하며, 학원에서도 특별한 관리의 대상이 되지 않는다. 하지만 이 학생들이 가장 큰 가능성을 가지고 있다. 조금만 더 노력하면 상위권으로 갈 수 있는 학생들이기 때문이다.

학부모님들이 놓치기 쉬운 학원 선택의 함정

1. 숫자의 함정: "1등급 몇 명"이라는 숫자는 매력적이다. 하지만 그 숫자 뒤에 숨겨진 진실을 봐야 한다. 그 학생들이 원래부터 잘했던 학생들인지, 학원의 도움으로 성장한 학생들인지 구별할 필요가 있다.

2. 마케팅의 함정: 학원들은 성적이 좋은 학생들에게 특별 관리 프로그램을 제공하고, 그 학생들의 성적을 통해 마케팅을 한다. 학부모님들은 이 성적을 보고 '이 학원에 가면 우리 아이도 이렇게 될 수 있다'고 생각하지만, 실제로 그 혜택을 받을 수 있는 학생은 극소수에 불과하다.

3. 성장의 과정보다 결과만 보는 시선: 학부모님들께서 학원을 선택할 때 결과만을 볼 것이 아니라, 그 결과를 만들어내는 '과정'에 주목해야 한다. 학생들이 얼마나 주도적으로 학습하는지, 학원에서 제공하는 학습 환경과 시스템이 실제로 모든 학생에게 적용되는지 확인해야 한다.

학원 선택의 새로운 패러다임이 필요하다

좋은 학원이란 단순히 '잘하는 학생들'이 다니는 곳이 아니다. '성장할 수 있는 학생들'이 다니는 곳이어야 한다. 상위권 학생들이 다니는 학원이 좋은 학원이라는 인식은 학부모님들께서 학원을 선택할 때 반드시 재고해야 할 부분이다. 실제로 많은 교육 전문가들은 학생의 성장을 위해서는 맞춤형 교육과 지속적인 피드백이 필요하다고 말한다.

내가 운영하는 지아이학원에서는 이러한 패러다임을 실현하고자 노력하고 있다. 우리 학원에서는 학생의 성적뿐만 아니라 학습 태도, 자기주도 학습 능력, 문제 해결 능력까지 종합적으로 평가하고 성장할 수 있는 환경을 제공하고 있다. 실제로 많은 학생들이 성적뿐만 아니라 학습에 대한 자신감까지 얻고 있으며, 그 변화는 숫자로는 표현할 수 없는 진정한 가치라고 믿는다.

결론: 숫자가 아닌 성장 가능성에 주목하라

학부모님들께 진심으로 전하고 싶은 메시지가 있다. 학원을 선택할 때 단순히 상위권 학생의 숫자를 보고 선택하지 말아 달라는 것이다. 학원이 제공하는 프로그램이 우리 아이에게 진정으로 필요한 것인지, 우리 아이의 성장을 위해 어떤 도움을 줄 수 있는지를 먼저 살펴보아야 한다. 학생의 성장은 숫자로만 평가될 수 없다. 좋은 학원이란 학생이 '어디서 시작했는가'가 아니라 '어디까지 성장했는가'를 보고 평가해야 한다. 학부모님들께서도 이러한 새로운 시각을 가지고 학원을 선택할 때, 자녀의 성장은 숫자 이상의 가치를 얻게 될 것이다.

3

승부욕 강한 학생, 그가 성장한 과정

중학교 1학년이 되면서 만난 한 학생이 있다. 짧게 깎은 머리에 반듯한 얼굴, 어딘지 모르게 귀여운 인상까지 가지고 있던 아이였다. 하지만 성격만큼은 절대 귀엽다고 할 수 없었다. 그는 자신이 풀지 못한 문제가 있으면 분해서 눈물을 흘렸다. 단순히 아쉬워하는 것이 아니라, 마치 자신의 패배처럼 받아들이고 온몸으로 분노를 표출했다. "선생님, 이거 도저히 이해가 안 돼요!"라며 속이 타는 듯한 얼굴로 소리치던 모습이 아직도 생생하다. 나는 그에게 말했다. "승부욕이 강한 건 좋은데, 공부도 전략이 필요해. 특히 수학은 끙끙대는 시간이 필요해."

그에게 문제 해결은 일종의 싸움이었고, 단 한 문제라도 틀리는 것이 용납되지 않는 듯했다. 하지만 나는 그가 문제를 한 번만 보고 답을 떠올리려 하는 태도가 아쉬웠다. 문제를 해결하는 과정에서 여러 접근 방식을 시도해 보며 사고의 깊이를 키우는 것이 더 중요했다. 그래서 나는 그에게 새로운 학습법을 제안했다. "같은 문제를 여러 가지 방법으로 풀어봐. 하루 이틀이 아니라, 2~3일 동안 고민해 보면서."

그는 처음엔 어리둥절한 표정을 지었다. 그러나 내 말을 진지하게 받아들였고, 실제로 실천하기 시작했다. 한 문제를 붙잡고 여러 가지 방법을 시도하는 모습을 보며, 나는 그의 변화를 감지할 수 있었다. 문제를 풀다가 어느 순간 멈추고 다시 고민하는 모습이 자주 보였다. 답을 바로 찾아내지 못하면 답답해하던 그가, 이제는 생각하는 과정을 즐기고 있었다.

그는 단순한 학습 태도뿐만 아니라, 성격도 매우 독특했다. 운동도 잘했고, 예의 바르며, 부모님께도 굉장히 잘하는 학생이었다. 하지만 한 가지 특이한 점이 있었다. 바로 학습 환경에 대한 예민함이었다. 주변이 조금만 시끄러워도 그는 집중이 흐트러진다며 곧장 연락을 해왔다. "선생님, 학원이 너무 시끄러워요." 처음에는 예민하다고 생각했지만, 나중에는 그의 성향을 존중해 주기로 했다. 그렇게 그는 조용한 환경에서 더욱 깊이 있는 사고를 할 수 있도록 배려받았다.

그러던 어느 날, 그와 함께한 윈터캠프가 그의 성장을 확인할 수 있는 계기가 되었다. 오후 1시부터 밤 11시까지 이어지는 강도 높은 학습 일정 속에서, 그는 처음으로 자신의 한계를 마주했다. "선생님, 너무 힘들어요." 그는 좌절한 듯 보였지만, 나는 오히려 그런 상황 속에서 그의 진짜 성장이 시작된다고 생각했다. 결국, 그는 자신의 에너지를 효율적으로 분배하는 법을 배웠고, 처음으로 '끙끙대는 학습'의 진짜 의미를 깨달았다.

그는 점차 혼자서 공부하는 시간을 늘려갔다. 하지만 그의 혼자 공부하려는 성향이 너무 강해질까 걱정되었다. 함께 토론하며 배우는 것도 중요한 학습의 일부이기 때문이다. 그래서 나는 그에게 이렇게 말했다. "혼자 고민하는 것도 중요하지만, 때때로 다른 사람의 생각을 듣고 공유하는 것도 필요해." 그는 이 말을 곰곰이 생각하는 듯했다.

그 후 그는 점차 밸런스를 맞춰갔다. 여전히 끈질기게 문제를 파고들었고, 승부욕은 여전했지만, 이제는 '혼자만의 싸움'이 아니라 '과정을 즐기는 법'을 배우고 있었다. 한 문제를 풀기 위해 여러 가지 방법을 시도하고, 때로는 친구들과 토론하면서도 여전히 최선을 다하는 모습이 인상적이었다.

나는 그가 앞으로도 계속해서 성장해 나갈 것이라 확신한다. 그는 이미 배웠다. 공부는 단순한 승부가 아니라, 생각의 깊이를 키우는 과정이라는 것을. 그리고 진짜 승리는 '빠르게 푸는 것'이 아니라 '진짜로 이해하는 것'이라는 점을.

4

신점과 학원의 공통점 : 신점 좋아하시나요?

선생님들이 신점을 보고 왔다. 학원을 운영하다 보면 사람의 심리에 대해 고민할 일이 많다 보니, 문득 궁금해졌다. 신점은 어떤 원리로 진행되는 걸까? 과연 신점을 보는 사람들만이 알 수 있는 무언가가 있는 걸까? 보통 신점은 극단적인 결과로 나뉘는 경향이 있다. "올해 운이 좋습니다!" 아니면 "조심하세요, 힘든 일이 생깁니다." 이 두 가지 말만으로 사람들은 감정적으로 크게 반응한다. 그리고 대부분의 사람들은 모호한 이야기를 싫어한다. 신점이 입소문을 통해 퍼지려면, 애매한 말보다 강한 메시지를 줘야 한다. 그래야 사람들의 기억에 남고, 다시 찾아오게 되는 것이다.

가만 보면, 이 원리는 학원 운영과도 비슷하다. 입소문이 중요하고, 강사가 학생의 심리를 읽고 동기부여하는 것이 핵심이다.

1. 신점과 학원의 공통점: '심리'를 장악하는 비즈니스
신점을 보러 가는 사람들은 두 가지 유형이다.

1. 미래가 불안한 사람
2. 확신을 받고 싶은 사람

놀랍게도 학원을 찾는 학부모와 학생들도 이와 크게 다르지 않다.
1. 공부가 불안해서 학원을 찾는 학생과 학부모
2. 내가 잘하고 있다는 확신을 받고 싶은 학생과 학부모

결국, 신점과 학원의 핵심은 '심리를 장악하는 것'이다. 신점 보는 사람이 손님을 앉히고 첫 마디로 "요즘 고민 많죠?"라고 하면, 손님은 이미 마음을 열게 된다. 학원에서도 마찬가지다. "요즘 공부 때문에 스트레스 많지?"라고 하면 학생은 "이 선생님은 나를 이해하는구나"라고 느낀다. 이해받는다고 느끼는 순간, 신점이든 학원이든 신뢰가 생긴다. 이 신뢰를 기반으로 학생과 학부모는 강사의 조언을 따르게 된다.

2. 신점이 학원 강사에게 가르쳐 주는 것: 확신을 주는 말하기

신점에서 가장 중요한 것은 "이 사람이 나를 정말 아는 것 같다"는 느낌을 주는 것이다. 그리고 그것을 가능하게 하는 것은 확신에 찬 말하기 방식이다. 예를 들어, 신점을 보면 이렇게 말한다.

- "당신은 올해 좋은 기회가 들어와요. 하지만 그걸 잡지 않으면 후회할 겁니다."
- 이 말을 들은 사람은 스스로 의미를 부여한다.

"아, 이번에 직장을 옮길까 고민했는데, 이게 좋은 기회일 수도 있겠구나!"

학원 강사도 학생들에게 이런 확신을 줄 필요가 있다.

- "너는 지금 중요한 시기에 있어. 이걸 잘 넘기면 확실히 성장할 거야. 하지만 대충 하면 후회할 수도 있어."
- 이렇게 말하면 학생은 스스로 의미를 찾게 된다.
- "맞아, 내가 지금 공부를 더 열심히 해야 하는 시기구나!"

결국, 신점이든 학원이든 "이 말이 나에게 해당되는구나"라는 느낌을 주는 것이 핵심이다.

3. 신점처럼 학원도 '입소문'이 중요하다

신점이 오래 살아남는 이유는 무엇일까? 바로 입소문 때문이다.

- "거기 신점 진짜 잘 봐!"
- "놀랄 정도로 정확해!"

이런 말이 퍼지면 사람들이 몰려든다. 학원도 마찬가지다.

- "그 학원 가니까 성적이 올랐어!"
- "선생님이 진짜 공부를 잘하게 만들어 줘!"

이렇게 입소문이 나야 학원이 성장한다. 하지만 신점과 학원의 입소문에는 결정적인 차이가 있다.

신점은 '기대감'을 판다. 하지만 학원은 '결과'를 만들어야 한다. 학원이 신점처럼 "여기 다니면 성적 오른다"라는 말만 하고 끝나면, 신뢰를 잃을 수밖에 없다. 신점은 맞아도 틀려도 다음을 기약할 수 있지만, 학원은 성적이 올라야 학부모와 학생이 신뢰를 준다. 결국, 학원은 입소문을 신뢰로 전환해야 한다.

- 성적 향상 데이터 제공
- 실제 학생들의 성장 사례 공유
- 학습법에 대한 구체적인 안내

이런 요소들이 학원의 입소문을 더욱 강력하게 만든다.

4. 신점에서 배울 수 있는 또 하나: 분위기 조성

신점은 항상 분위기가 있다.

- 은은한 조명
- 신비로운 말투
- 신점을 보는 사람의 강한 확신

이 모든 것이 손님을 몰입하게 만든다.

학원에서도 분위기가 중요하다.

- 강사의 말투와 에너지
- 수업 분위기와 몰입도
- 학생들에게 주는 확신

수업할 때 "여러분, 이 문제 좀 어려울 수도 있어요."라고 말하면 학생들은 이미 어려운 문제라고 생각한다. 대신 "이 문제, 사실 별거 아니야. 핵심만 알면 누구나 풀 수 있어."라고 하면 학생들은 자신감을 갖고 도전한다. 결국, 강사의 말투와 분위기는 학생들에게 직접적인 영향을 미친다. 신점이든 학원이든 "이곳에서는 무언가 특별한 것이 있다"는 느낌을 줘야 한다.

결론: 신점에서 학원이 배워야 할 것들

1. 심리를 읽어라.
- 학생과 학부모가 원하는 것이 무엇인지 먼저 파악해야 한다.
- "요즘 고민 많죠?" 같은 공감형 질문이 중요하다.형 질문이 중요하다.

2. 확신을 줘라.
- 애매한 말보다 명확하고 강한 메시지를 주어야 한다.
- "네가 이 방식을 따르면 반드시 성적이 오른다" 같은 확신이 필요하다.

3. 입소문을 만들어라.
- 성적 향상 데이터, 실제 성공 사례를 적극적으로 활용해야 한다.
- "여기 다니면 성적이 오른다"는 평판을 쌓아야 한다.

4. 분위기를 만들어라.
- 강사의 말투, 강의 분위기, 학원의 환경이 학생들에게 미치는 영향이 크다.
- "이 학원에 다니면 뭔가 다르다"는 느낌을 주어야 한다.

신점은 '예언'을 하지만, 학원은 '결과'를 만든다. 그렇기에 학원은 신점보다 더 강한 신뢰를 쌓아야 한다. 학생들에게 확신을 주고, 진짜 변화를 이끌어낼 수 있다면, 그 학원은 반드시 성장한다.

에필로그

공부는, 나와의 대화다

누구나 공부를 한다.
어릴 때는 숙제로, 커서는 시험으로, 어른이 되어서는 삶 그 자체로.
그런데 어느 순간부터 우리는 '공부'를 너무 결과 중심으로만
바라보기 시작했다.
몇 등, 몇 점, 어느 대학.

그렇다면 이렇게 물어보고 싶다.
공부란 무엇인가?
누군가는 말한다. 성적을 잘 받기 위한 수단이라고.
하지만 나는 다르게 생각한다.

공부란 결국,
내가 누구인지 알아가고,
지금의 나를 넘어서기 위한 '나와의 대화'다.

그 대화를 잘해내는 아이는,
성적을 떠나 분명히 성장한다.

그 성장의 깊이는 숫자로 환산되지 않는다.

아이들은 누군가의 가르침보다,
자신과 대화할 수 있는 환경 속에서 진짜로 배운다.
그리고 그 환경을 만들어주는 곳이 학교이든, 학원이든, 가정이든,
그것이 교육이라면,
살아가기 위해 필요한 것들을 배우는 배움터라면,
그 자체로 충분히 의미 있다.

나는 그 믿음 하나로 여기까지 왔다.
그리고 앞으로도,
우리는 이 지역에서 교육을 다시 묻는다.